Gestão da marca e da reputação corporativa

MARKETING

Gestão da marca e da reputação corporativa

Andrei Scheiner
José Dario Menezes

Copyright © 2019 Andrei Scheiner e José Dario Menezes

Direitos desta edição reservados à
EDITORA FGV
Rua Jornalista Orlando Dantas, 37
22231-010 | Rio de Janeiro, RJ | Brasil
Tels.: 0800-021-7777 | 21-3799-4427
Fax: 21-3799-4430
editora@fgv.br | pedidoseditora@fgv.br
www.fgv.br/editora

Impresso no Brasil / *Printed in Brazil*

Todos os direitos reservados. A reprodução não autorizada desta publicação, no todo ou em parte, constitui violação do copyright (Lei nº 9.610/98).

Os conceitos emitidos neste livro são de inteira responsabilidade dos autores.

1ª edição – 2019

PREPARAÇÃO DE ORIGINAIS: Sandra Frank
EDITORAÇÃO ELETRÔNICA: Abreu's System
REVISÃO: Aleidis de Beltran
CAPA: aspecto:design

Ficha catalográfica elaborada pela Biblioteca Mario Henrique Simonsen/FGV

Scheiner, Andrei
  Gestão da marca e da reputação corporativa / Andrei Scheiner, José Dario Menezes. – Rio de Janeiro : FGV Editora, 2019.
  184 p.

  Publicações FGV Management.
  Área: Marketing.
  Inclui bibliografia.
  ISBN: 978-85-225-2101-2

  1. Marketing. 2. Marca de produtos. 3. Marca registrada. 4. Branding (Marketing). 5. Stakeholders. 6. Imagem corporativa. 7. Vantagem competitiva. I. Menezes, José Dario. II. FGV Management. III. Fundação Getulio Vargas. IV. Título.

  CDD – 658.827

*Aos nossos alunos e aos nossos colegas docentes,
que nos levam a pensar e repensar nossas práticas.*

Sumário

Apresentação	9
Introdução	11
1 | *Branding*: a importância estratégica da marca	17
Conceitos centrais: definindo identidade, marca, imagem e reputação	17
O que é *branding*	26
Objetivos de um projeto de *branding*	36
Arquitetura de marca: marcas monolíticas, endossadas e multimarcas	41
Cadeia de formação de valor da marca (*brand equity*)	50
Metodologias de valoração da marca (*brand valuation*)	56
2 | Contexto da sustentabilidade	63
Evolução do conceito de desenvolvimento sustentável: uma nova ética social	63
O bem e o mal da sustentabilidade juntos na prática do *branding*	71
O conceito de *stakeholders*	77
Metodologias para comunicação e relacionamento com os *stakeholders*	85
3 | Marketing 3.0	91
As áreas de interface do marketing com questões de responsabilidade socioambiental	91
O marketing 3.0 e a comunicação de marcas sustentáveis	95

    Crowdsourcing e desenvolvimento colaborativo de produtos
        e serviços   108
    Valor compartilhado   112
    Relatórios de sustentabilidade: prestação de contas   116
    Indicadores econômicos relacionados à sustentabilidade   123

4 | Gestão da reputação   131
    O que é reputação   131
    Importância da reputação na criação da vantagem competitiva   135
    Principais fatores para a formação da reputação corporativa   137
    Metodologias de gestão da reputação   139

5 | Gestão dos riscos associados à reputação e crises de imagem   147
    Conceito e origens das crises   148
    Pilares da gestão de crises   151
    Influenciadores digitais e a gestão de crises   154
    Metodologias e procedimentos para gerenciar crises   159

Conclusão   169
Referências   171
Os autores   183

Apresentação

Este livro compõe as Publicações FGV Management, programa de educação continuada da Fundação Getulio Vargas (FGV).

A FGV é uma instituição de direito privado, com mais de meio século de existência, gerando conhecimento por meio da pesquisa, transmitindo informações e formando habilidades por meio da educação, prestando assistência técnica às organizações e contribuindo para um Brasil sustentável e competitivo no cenário internacional.

A estrutura acadêmica da FGV é composta por escolas e institutos, todos com a marca FGV, trabalhando com a mesma filosofia: gerar e disseminar o conhecimento pelo país. Dentro de suas áreas específicas de conhecimento, cada escola é responsável pela criação e elaboração dos cursos oferecidos pela FGV Educação Executiva, criada em 2003 com o objetivo de coordenar e gerenciar uma rede de distribuição única para os produtos e serviços educacionais da FGV.

Este livro representa mais um esforço da FGV em socializar seu aprendizado e suas conquistas. Foi escrito por professores da FGV, profissionais de reconhecida competência acadêmica e prática, o que torna possível atender às demandas do mercado, tendo como suporte sólida fundamentação teórica.

A FGV espera, com mais essa iniciativa, oferecer a estudantes, gestores, técnicos e a todos aqueles que têm internalizado o conceito de educação continuada, tão relevante na era do conhecimento na qual se vive, insumos que, agregados às suas práticas, possam contribuir para sua especialização, atualização e aperfeiçoamento.

Rubens Mario Alberto Wachholz
Diretor da FGV Educação Executiva

Sylvia Constant Vergara
Coordenadora das Publicações FGV Management

Introdução

Este livro apresenta um conjunto de teorias e práticas sobre gestão da marca e da reputação corporativa, com o objetivo de facilitar para você, leitor, a construção de um pensamento sistêmico sobre esses temas, atualmente presentes nas agendas estratégicas das organizações que pretendem ser contemporâneas e extremamente relevantes para seus públicos.

Hoje, no contexto digital e midiático no qual nossa sociedade se encontra, vivenciamos um ambiente de mercado mais complexo e dinâmico, classificado por muitos estudiosos como um admirável mundo das marcas, onde um cidadão comum, no seu dia a dia, está exposto a uma miríade de anúncios e promessas das empresas, por meio de inovadoras campanhas publicitárias promovendo qualidade, pontualidade, novas tecnologias, atendimento diferenciado ou inovação de qualquer produto ou serviço. A proliferação desenfreada de informação se dá em uma escala nunca antes vista.

Talvez essa breve análise do contexto possa nos levar a uma falsa conclusão de que, então, a gestão da marca e da reputação corporativa tornou-se atividade rotineira e de fácil entendimento dentro das organizações e nas nossas escolas de negócios. Entretanto a realidade não se apresenta dessa forma, mantendo o eterno dilema corporativo dos objetivos de longo prazo (exemplo: marca e reputação devidamente consolidada no mercado) *versus* os objetivos de curto prazo (exemplo: aumento de vendas baseado em promessas que, por vezes, são construídas a partir de premissas falsas).

Dessa forma, é nosso dever afirmar que muitos ainda confundem os conceitos centrais de marca e reputação, sua importância e formas de mensuração. Outros preferem o caminho das falsas promessas, do *greenwashing* ou da pós-verdade. Em um mundo dominado pelas mídias sociais e pela instantaneidade da troca de informações e percepções, construir de forma correta marcas e reputações tornou-se um desafio hercúleo. Muitas empresas têm sido penalizadas por não entenderem esse novo contexto social, destruindo seu valor de mercado e, principalmente, seu capital reputacional à velocidade da luz. Por conta da presença massiva de seus *stakeholders* nas mídias sociais, compartilhando em tempo real por meio de *sites*, *blogs*, vídeos, aplicativos e *chats* suas experiências, percepções e relações com as empresas, esse fenômeno tem incitado as empresas a saírem da sua postura tradicional (*business as usual*) e serem mais transparentes, éticas, abertas ao relacionamento colaborativo com seus públicos, aumentando a coerência entre seu discurso corporativo e efetivas ações e comportamentos. Aliado a esses fatores, esse contexto também demanda das organizações uma gestão sustentável dos recursos usados no seu processo produtivo.

Tal combinação é a nova regra do jogo que tanto desafia as empresas, desde megacorporações globais até novas empresas (*startups*), seja nos Estados Unidos, na China ou em qualquer cidade do nosso país. Aliás, se sustentabilidade na década de 1970 era apenas um jargão usado pelas organizações não governamentais (ONGs) na sua correta luta pelo meio ambiente e preservação das espécies, hoje tornou-se um pré-requisito indispensável às organizações na busca por competitividade e perenidade. Equilibrar sua produção econômica com a geração de valor nas questões ambientais e sociais, incorporar a sustentabilidade de forma sistêmica na gestão do negócio, gerar valor compartilhado com seus *stakeholders* e prestar contas das suas ações e projetos socioambientais têm se transformado em pressupostos indispensáveis. Mais do que sua razão econômica e sua capacidade de produção, o que está em jogo para a perenidade das organizações é demonstrar sua verdadeira razão social e transformar esse posicionamento em uma vantagem competitiva da estratégia de marca. Empresas contemporâneas têm conseguido conciliar visão, missão e valores com um novo componente: seu propósito organizacional, o qual, quando somado a uma adequada narrativa empresarial, gera relevantes histórias de posicionamento de marca.

Por todo esse breve contexto, podemos afirmar que, para o bem e para o mal, a construção de marca e a gestão da reputação estão irremediavelmente conectadas, pois começam na atuação da empresa, sua narrativa e forma de relacionamento com os *stakeholders*. No decorrer do livro, veremos que uma reputação forte é inspirada numa sólida concepção do propósito de marca; logo, as empresas que tiverem um propósito, uma alma renovada por compartilhar e forem competentes na construção dessa narrativa criarão vínculo emocional e fortalecerão sua marca e reputação na dimensão da compreensão, por seus públicos de interesse, do seu caráter enquanto corporação. Outro ponto relevante dentro desse contexto é o planejamento e estruturação do relacionamento da organização com os diversos *stakeholders*, pois relacionamentos fortes impulsionam e protegem a marca e a reputação, funcionando como antenas parabólicas para onde irão convergir as atitudes favoráveis dos seus públicos.

Desta forma, prezado leitor, para facilitar o entendimento de todo esse contexto, o livro está estruturado em cinco capítulos que foram concatenados de forma a facilitar seu aprendizado e, acima de tudo, orientar você a criar seu próprio senso de planejamento.

O primeiro capítulo, no seu início, apresenta os conceitos básicos de identidade, imagem, marca e reputação, os quais comumente geram dúvidas de interpretação do real significado dos termos. Ainda dentro desse capítulo, iremos abordar os conceitos de *branding*, sua importância estratégica e os conceitos relacionados como arquitetura de marcas (marcas monolíticas, endossadas e multimarcas – *house of brands*), as grandes etapas do desenvolvimento de um projeto de *branding* (diferenciação, propriedade, consistência e relevância), identidade, personalidade, posição e imagem de marca e o conceito de valor de marca (*brand valuation*), além das metodologias empregadas para essa apuração de valor.

No segundo capítulo abordaremos o contexto da sustentabilidade e seus principais conceitos, a conjunção da visão econômica com a ambiental e a social (pressuposto do conceito de *triple bottom line*), desenvolvimento sustentável e da propaganda enganosa (*greenwashing*), conceitos de *stakeholders* (primários, públicos e secundários), a norma internacional para entendimento, comunicação e relacionamento com os *stakeholders*.

Dando continuidade ao entendimento da sustentabilidade, abordaremos, no terceiro capítulo, o conceito de *marketing* 3.0, que representa o elo fundamental entre o *marketing* tradicional e o *marketing* associado às questões socioambientais e ao entendimento deste nosso novo contexto social: o conceito de marcas sustentáveis, indicadores relacionados à sustentabilidade e formatos de prestações de contas (relatórios de sustentabilidade).

No quarto capítulo, abordaremos as questões relacionadas à gestão da reputação, seus vetores de formação e metodologias para sua correta gestão. Complementado esses conceitos, no quinto capítulo, abordaremos a gestão dos riscos associados à reputação e às crises de imagem, o papel das mídias sociais na construção desses fatos, os influenciadores digitais e metodologias para gestão do risco nas mídias sociais.

Ao final, apresentamos uma conclusão que, de forma resumida, irá sintetizar e reforçar o entendimento dos conceitos apresentados ao longo do livro.

Desejamos a você uma boa leitura e que, acima de tudo, esse livro e todos os conceitos abordados sejam úteis em sua carreira profissional.

1
Branding: a importância estratégica da marca

Neste capítulo, iremos nos debruçar sobre os conceitos fundamentais para o entendimento do que são marcas e o que é reputação corporativa; passaremos por uma revisão da literatura do marketing, com visitas à teoria da antropologia de consumo para detalharmos o papel das marcas em nossa sociedade e como o *branding* acontece. Depois, veremos como se dá a cadeia de formação de valor da marca e como se estrutura a arquitetura de marca, para fecharmos o capítulo com as principais metodologias de valoração de marcas (*brand valuation*).

Conceitos centrais: definindo identidade, marca, imagem e reputação

Agora que já abordamos na introdução o conceito dos ativos intangíveis e sua importância na construção ou destruição de valor de mercado para as organizações, precisamos aprofundar outros conceitos que, juntos, formam toda a proposta central do nosso livro e que são recorrentes alvos de dúvidas. Como abordamos na introdução, talvez uma análise superficial do nosso contexto social possa nos levar a uma falsa conclusão de que os conceitos de construção da marca e da reputação corporativa já são temas consagrados na rotina das empresas e nas escolas de negócios. Segundo Menezes (2010), na realidade eles não estão bem difundidos, sendo constantemente empregados de forma indevida, apesar de os temas reputação e marca terem saído da esfera das discussões acadêmicas e estarem, definitivamente, integrados à agenda das empresas, priorizando direcionamentos estratégicos e a forma como as organizações desenvolvem e gerenciam o relacionamento com seus diversos *stakeholders*. Por isso para facilitar para você, leitor, a compreensão das dinâmicas internas e externas da percepção dos *stakeholders* sobre uma organização, a partir de agora abordaremos os conceitos de identidade, imagem, marca e reputação, representados na figura 1.

Figura 1
Interligação dos conceitos de identidade, imagem, marca e reputação

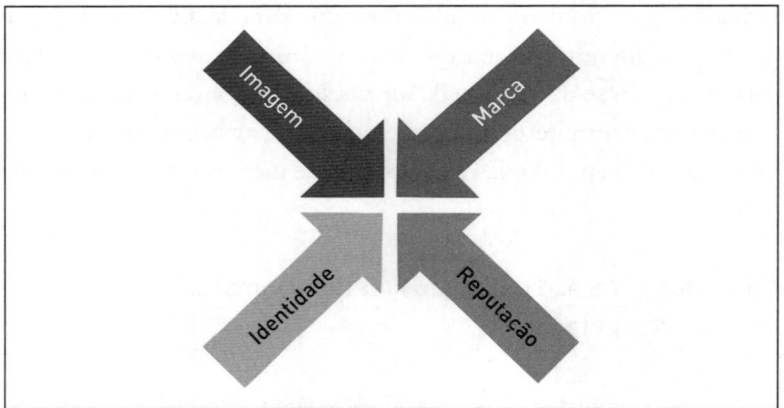

Fonte: adaptada de Reputation Institute (2017).

Na parte interna da organização, a identidade serve para refletir o DNA da empresa, sua missão, visão e valores organizacionais, atributos esses que são essenciais, inconfundíveis e duradouros para seus *stakeholders*, gerados a partir do núcleo de crenças, valores e atuação da organização e, a partir dessa concepção, são comunicados para o mercado em geral. Por exemplo, uma empresa, ao optar por um logotipo de cor vermelha, está demonstrando aos seus *stakeholders* o estilo aguerrido e identidade forte de foco em resultados existente naquela organização. Já uma organização que utiliza uma tipologia mais moderna pode procurar refletir seu estilo mais contemporâneo e *cult* de ser. Disseminar de forma correta a identidade da organização tornou-se crucial no contexto atual, pois o conhecimento que os *stakeholders* têm do propósito organizacional, em muitos casos, alavanca de forma expressiva a vontade de apoiar a organização.

Para Argenti (2006), a identidade de uma organização não varia de um público a outro, consistindo nos atributos que definem a empresa, como seu pessoal, produtos e serviços. Segundo Almeida (2006), a identidade é um processo que recebe influência não apenas dos membros da organização, mas de outros grupos de seu relacionamento, o que, num certo sentido, distingue-se da cultura, que recebe uma influência interna maior. No entanto, a cultura também sofre a influência da identidade, e se a identidade muda, pode-se alterar a cultura da organização. Anda segundo a autora, a identidade pode ser melhor entendida quando analisamos seus quatro tipos conforme revela o quadro 1.

Quadro 1
Tipos de identidades de marca

Tipo	Descrição
Identidade percebida	Significa a coleção de atributos vistos como típicos pelos membros da organização, o que constituiu a essência da organização, o que a distingue de outras e o que permanece ao longo dos anos.
Identidade projetada	Autoapresentação da organização, ou seja, como a organização divulga seus atributos-chave a seus públicos internos e externos, por meio da comunicação e de seus símbolos.
Identidade desejada	É a figura "dos sonhos" da alta administração, o que eles acreditam que a organização deveria inferir a partir de sua liderança.
Identidade aplicada	Consiste nos sinais presentes no comportamento dos membros da organização que são transmitidos consciente ou inconscientemente a todos os níveis da organização.

Fonte: Almeida (2006).

Ainda na parte interna, temos a imagem que representa o conjunto das percepções acerca de organizações ou pessoas, formadas no curto prazo, geralmente impactada pelos recentes acontecimentos e notícias e que, de forma direta ou indireta, se refletem na percepção dos *stakeholders*. Por estar vinculada ao curto prazo, a imagem é sempre impactada pela emoção positiva ou negativa que os *stakeholders* estão sentindo naquele momento em relação à organização, mas que não necessariamente serão mantidas no decorrer do tempo. Pode-se dizer que a imagem é o conjunto de significados pelo qual um objeto é conhecido e que o indivíduo utiliza para descrevê-lo ou relembrá-lo. Segundo Almeida (2006), a imagem corporativa é uma fotografia que um indivíduo ou determinado grupo tem da organização como consequência de informações e interações. Essa fotografia pode ser, muitas vezes, na visão de alguns autores, complexa e multifacetada. Para Argenti (2006), a imagem é a forma como a empresa é vista por seus públicos, podendo a organização ter diferentes imagens junto a diferentes públicos. De acordo com Almeida (2006), em complementação ao pensamento de Argenti (2006), o não alinhamento entre a percepção interna e a externa gera vários *gaps* na construção da imagem, existindo, de forma geral, duas formas de alterar a imagem por meio de uma comunicação empresarial eficiente: na primeira, o objeto pode ser mudado; na segunda, a comunicação pode tentar mudar as crenças, ideias, sentimentos e impressões de segmentos dos públicos sobre o objeto. Voltaremos a esse assunto adiante, quando fizermos de forma mais estruturada a diferenciação entre imagem e reputação.

Na parte externa da organização temos, primeiramente, a marca – sua ponta de lança para o mercado. Várias empresas repetem o mantra criado e difundido pela consultoria internacional Interbrand – a marca é o negócio e o negócio é a marca –, demonstrando o elevado vínculo entre esses conceitos. De acordo com a American Marketing Association, a palavra marca é definida como um nome, sinal, *design*, termo ou um conjunto de todas essas palavras, com o intuito de diferenciar um produto ou serviço de um grupo de fornecedores. Para Aaker (2015), precisamos entender que marca é um ativo estratégico da organização, e como tal precisa ser gerenciado, pois uma visão completa de *branding* inspira toda a organização.

Para Kotler e Keller (2012), as empresas atendem a necessidades por meio da emissão de uma proposta de valor, um conjunto de benefícios capazes de satisfazer essas necessidades, sendo a proposta de valor intangível materializada por uma oferta, que pode ser uma combinação de produtos, serviços, informações e experiências. Para Tybout e Calkins (2006), marca é um conjunto de associações vinculadas a um nome, sinal ou símbolo, relacionadas a um produto ou serviço, tendo habilidade notável em impactar o modo pelo qual as pessoas veem os produtos e serviços. Tybout e Calkins também indicam que a diferença entre um nome e uma marca é que um nome não tem associações; é, simplesmente, um nome. Ainda segundo os autores, um nome torna-se uma marca quando as pessoas o vinculam a certas dimensões, como um conjunto de significados simbólicos, o logotipo e o símbolo.

O *nome* tem a função de identificar e comunicar o que representa, além de ter sonoridade e ser bonito de ver, escrever e fácil de ser pronunciado (exemplo: Google, Tim, Vivo, Vale, Azul).

Logotipo é a forma como se escreve ou a tipologia que se usa para escrever o nome da marca. É recomendado que a escolha da fonte esteja alinhada à essência da marca, para não confundir seus públicos. Observe os exemplos na figura 2.

Figura 2
Exemplos de logotipos

Símbolo é a imagem ou figura que representa sua marca. É a parte que pode ser identificada, mas não falada pelo consumidor. Observe os exemplos de símbolos das marcas Nike e Apple na figura 3.

Figura 3
Exemplos de símbolos, respectivamente, Nike e Apple

Alinhadas com a identidade da organização, as marcas expressam a promessa de valor (atributos, benefícios, valores, cultura, personalidade e serviços) da organização para seus *stakeholders*, sendo, a exemplo da identidade, criadas de dentro da organização para fora. A força da marca concede às empresas a vantagem competitiva de uma atmosfera afetiva, pois cria vínculos emocionais da organização com seu ecossistema de *stakeholders*, o que poderá resultar em diferentes atitudes (fidelidade, admiração, empatia, por exemplo), as quais serão benéficas no curto e no médio prazos. Veremos em seguida que as percepções da marca são formadas pela junção de três vetores:

- o que a marca efetivamente faz;
- o que ela diz ser nas suas diversas formas de comunicação;
- o que ela efetivamente representa para seus *stakeholders*.

As percepções da marca compõem-se como um ativo da empresa, que pode ser alterado e/ou atualizado sempre que a organização entender que o contexto exige dela uma nova proposta de valor (abordagem), tornando-se necessário um trabalho de estrutura de reconcepção da marca (*rebranding*). Veja, na figura 4, como a Coca--Cola redesenhou sua marca ao longo de sua existência.

Figura 4
Evolução da marca da Coca-Cola

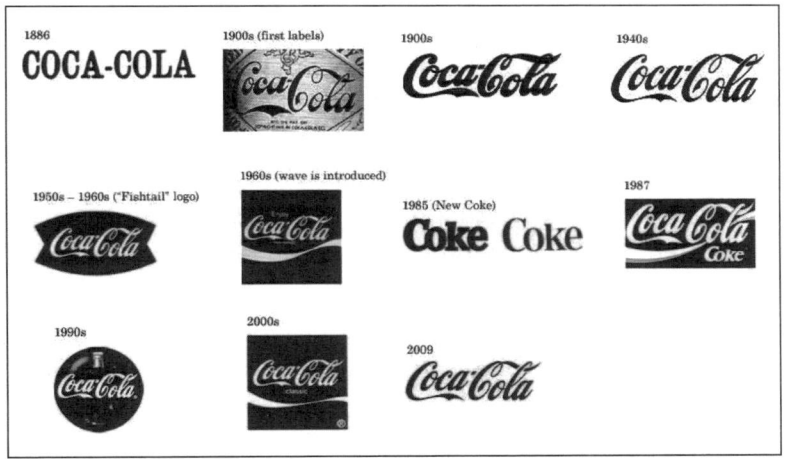

Outro exemplo é a multinacional Xerox, que teve seu nome atribuído como líder da categoria de fotocopiadoras nas décadas de 1980 e 1990 e, em determinado momento, por conta das inovações e alterações do contexto social, percebeu que seu produto e seu posicionamento já não tinham o apelo de outrora. Assim, alterou seu posicionamento para uma empresa de serviços de documentação em geral.

A *reputação* tem como principal característica promover um ambiente favorável aos negócios das organizações na medida em que cria atitudes positivas dos seus *stakeholders*. Ao contrário da marca, é criada de fora para dentro da organização, pois é a resultante das ações da marca corporativa por meio dos olhos e percepções dos *stakeholders* e das avaliações por eles feitas no longo prazo. De acordo com o renomado Reputation Institute, reputação significa um crédito de confiança associado à familiaridade, respeito e reconhecimento conquistados ao longo do tempo. A partir do contexto social em que vivemos, com uso intensivo do compartilhamento de informações em tempo real, Almeida e colaboradores (2014) concluem que vivemos a chamada "economia da reputação", em que a principal moeda que uma organização pode construir é a confiança perante seus *stakeholders*.

O que é relevante ressaltar neste ponto, leitor, é que uma reputação forte é inspirada numa sólida concepção do propósito de marca. Sendo assim, conseguimos ligar os quatro conceitos que estamos abordando neste capítulo. Desta forma, observa-se que empresas com forte identidade e propósito de marca têm, de forma geral, uma melhor reputação perante seus públicos de interesse, e que relacionamentos fortes (conexões com os públicos) impulsionam e protegem a marca e a reputação. Logo, quanto mais forte a reputação, maior a favorabilidade de diferentes segmentos da população e, por extensão, mais forte será seu *brand equity* e seu valor intangível.

O quadro 2, criado pelo Reputation Institute, resume os conceitos apresentados sobre identidade, marca, imagem e reputação.

Quadro 2
Definindo identidade, imagem, marca e reputação
Compreendendo as dinâmicas internas e externas da percepção

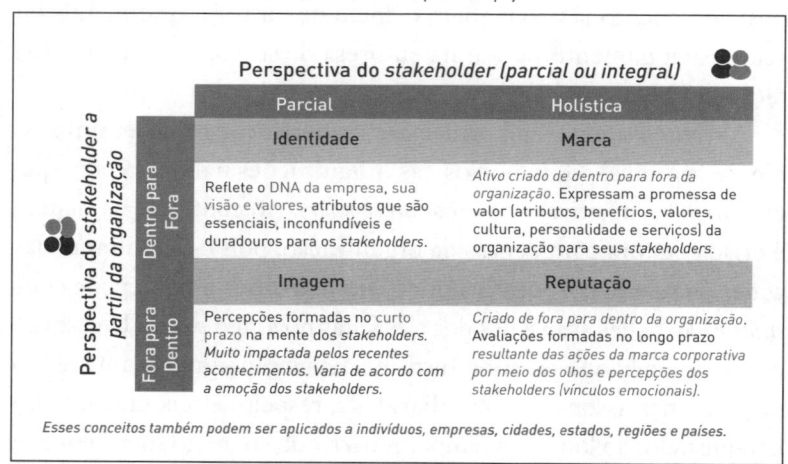

		Perspectiva do *stakeholder* (parcial ou integral)	
		Parcial	Holística
Perspectiva do *stakeholder* a partir da organização	Dentro para Fora	**Identidade** Reflete o DNA da empresa, sua visão e valores, atributos que são essenciais, inconfundíveis e duradouros para os *stakeholders*.	**Marca** *Ativo criado de dentro para fora da organização.* Expressam a promessa de valor (atributos, benefícios, valores, cultura, personalidade e serviços) da organização para seus *stakeholders*.
	Fora para Dentro	**Imagem** Percepções formadas no curto prazo na mente dos *stakeholders*. Muito impactada pelos recentes acontecimentos. Varia de acordo com a emoção dos *stakeholders*.	**Reputação** Criado de fora para dentro da organização. Avaliações formadas no longo prazo resultante das ações da marca corporativa por meio dos olhos e percepções dos *stakeholders* (vínculos emocionais).

Esses conceitos também podem ser aplicados a indivíduos, empresas, cidades, estados, regiões e países.

Fonte: Reputation Institute.

Para finalizar este tópico, a partir dos conceitos já desenvolvidos, apresentaremos duas conclusões:

- *Primeira conclusão: diferença entre marca e reputação* – Enquanto a marca (nome, símbolos, normas, cores, mensagens, experiências e comportamentos) expressa a promessa da empresa no bem servir à sua estratégia e ao posicionamento de mercado, a reputação avalia a experiência de longo prazo dos *stakeholders* corporativos, tangibilizando o quão eficiente a empresa foi na efetiva entrega da sua promessa de marca. Uma boa forma de exemplificar é fazer um exercício mental muito simples: dentro do círculo de empresas com as quais você se relaciona ou compra constantemente, pense em duas ou três empresas que têm uma ótima estratégia de marca e comunicação, porém possuem uma fraca reputação, pois sua entrega é mal avaliada por seus públicos. Pois é essa a diferença na prática entre marca e reputação. Outro bom exemplo é pensar em um acidente aéreo. No dia seguinte, todos os jornais irão dar cobertura ao fato, impactando negativamente, no curto prazo, a imagem da companhia aérea. A forma como a empresa vai solucionar o acidente e trazer as respostas às prováveis vítimas irá impactar ou não sua reputação no longo prazo.
- *Segunda conclusão: reputação e estratégia caminham juntas* – Se recordarmos as forças descritas por Michael Porter, guru de estratégia, veremos que reputação é uma barreira natural contra concorrentes estabelecidos e novos entrantes, pois cria diferenciação e vantagem competitiva por derivar de uma característica única da empresa, não sendo copiável por um concorrente. Como possibilita a comparabilidade com competidores e *benchmarks*, promove a melhoria organizacional contínua, identificando as melhores práticas e a importância dada pelos *stakeholders* a cada uma das iniciativas

organizacionais. Além disso, prioriza e redireciona recursos para as dimensões mais estratégicas no relacionamento com os *stakeholders*.

Quanto mais próximos e integrados estiverem esses conceitos, mais percebida como única e distintiva será a percepção da empresa, ou seja, o sucesso de uma marca e a construção da reputação serão uma relação entre uma clara estratégia (de negócio e de marca) e uma impecável experiência dos *stakeholders*. Isso deve estar no mapa estratégico da organização e refletir nas decisões da empresa, consciente de que o caminho e as escolhas estratégicas estão no rumo certo. Com essas definições devidamente apresentadas e exemplificadas, podemos seguir para o nosso próximo tema: a conceituação de *branding*.

O que é *branding*

A partir da diferenciação entre marca e reputação, podemos nos debruçar no entendimento do conceito de *branding*. Verbo derivado de *brand*, cujo significado é "rotular" ou "marcar", remontando ao inglês arcaico do século XI, em que significa "queimar um pedaço de madeira", *branding* também tem origens no holandês (*brand*), alemão (*brant* ou *brand*) e norueguês antigo (*brandr*).

Embora nosso objetivo aqui não seja desenvolver um estudo etimológico sobre o termo, é importante que entendamos o conceito de *branding* como a ação de gerenciar marcas de forma estratégica. Mas, para compreendermos melhor como esse gerenciamento acontece por meio de ações de marketing, precisamos situar *branding* no contexto da atualidade. E, para isso, precisamos nos debruçar no entendimento de outros dois conceitos fundamentais: sociedade de consumo e seus "sistemas simbólicos".

Conforme afirma Scheiner (2006), todos nós somos seres sociais e temos a necessidade de significar nossas próprias vidas e tudo o que existe em nossa volta. Não somos capazes de viver em um mundo desorganizado, sem ordenação, sem sentido, ou, simplesmente, da forma como ele se apresenta. Pense nos fenômenos naturais, por exemplo. Embora sejam fenômenos comuns há bilhões de anos dentro da história de nosso planeta, até hoje ficamos incomodados em tentar compreender as origens e motivos de um furacão ou um terremoto. Por isso, o ato de nomear, classificar, traduzir, organizar mentalmente são ações praticadas pela espécie humana para suprir tal necessidade. O mundo à nossa volta precisa ser classificado e organizado para que faça sentido nossa própria existência. Conforme destacou o antropólogo Claude Lévi-Strauss (apud Rocha, 2002:85), "classifica-se como pode, mas classifica-se".

Essa classificação do mundo é o que nos permite viver habitando este planeta e, de certa forma, tentar compreender tudo o que nos foge ao controle. Na Antiguidade, a única forma de o ser humano explicar tais fenômenos e classificar o que estava à sua volta eram as histórias, mitologias, estas nomeadas de acordo com os diversos locais onde agrupamentos humanos prosperaram nos últimos milênios: nórdica, romana, grega, polinésia, maia, chinesa etc. Nos últimos 400 anos (aproximadamente), outra forma de explicar o mundo se desenvolveu: a ciência. Embora a ciência traga respostas ditas "racionais" aos fenômenos naturais e outros acontecimentos que são difíceis de explicar, as histórias e mitologias continuam a ser contadas em nossos dias, principalmente para nos suprir emocionalmente com elementos simbólicos. O simples ato de ir ao cinema assistir a um filme sobre seres fantásticos ou ler uma revista em quadrinhos demonstra nossa contínua paixão por histórias, contos ou lendas que povoam nossos imaginários e nos trazem experiências emocionais.

O que queremos destacar aqui é que vivemos rodeados de "sistemas simbólicos", frutos de nossas imaginações e emoções, que são representados e difundidos há milênios por meio da tradição oral e, a partir de poucos séculos atrás, são oferecidos em livros, peças de teatro, filmes, quadrinhos, jogos de computador, entre outros meios da indústria cultural. Para compreendermos melhor:

> Indústria Cultural, no seu sentido amplo, designa as produções simbólicas que circulam na Sociedade Industrial e são veiculadas pelos Meios de Comunicação de Massa. Essas produções simbólicas localizam uma discussão típica da vida social de nosso tempo, já que sua emergência é própria e exclusiva da chamada modernidade [Rocha, 1995:33].

Percebemos, assim, que os "sistemas simbólicos" trazem sentido para os momentos em que queremos fantasiar, descansar a cabeça dos problemas cotidianos e "entrar" em histórias com aventura, suspense, amor, heroísmo, redenção ou que evoquem qualquer outro sentimento. Basta tomarmos como exemplo a popularidade, em nossa sociedade, de histórias como *Star Wars*, *O senhor dos anéis*, *Harry Potter*, *Game of Thrones*, entre outras. Todas essas versam sobre "mitologias", leituras sobre um mundo onde o impossível é possível, onde "sistemas simbólicos" são bem trabalhados e trazem significados quando nos conectamos com eles, despertando emoções nas pessoas.

O simbólico é uma faculdade específica da espécie humana, e cada vez mais fundamental para que possamos sobreviver em sociedade. Compreender a noção de sistema simbólico é importante para estudarmos o papel do *branding* em nosso mundo. Mas, para isso, também precisamos lembrar que fazemos parte de uma sociedade chamada de sociedade de consumo, em que os sistemas simbólicos circulam por meio dos bens (mercadorias) e dão sentido às nossas vidas contemporâneas. Vamos ver o que vem a ser essa relação.

Sociedade de consumo é um termo da antropologia que pode ser utilizado para definirmos as relações simbólicas entre pessoas e bens (mercadorias), dentro do estudo do marketing. Lembramos que mercadorias podem ser entendidas como produtos ou serviços, já que ambos são oferecidos para públicos-alvo mediante uma transação financeira (na maioria das vezes). Nossa sociedade atual é uma sociedade de consumo se considerarmos um recorte importante no estudo: estamos falando da sociedade ocidental, capitalista e pós-moderna. Aqui não cabe juízo de valor sobre esse recorte, porém precisamos situar nosso pensamento dentro do contexto no qual o Brasil se insere, para evitar generalizações ou interpretações de que o *branding* sempre aconteceu na história da humanidade e/ou que a gestão de marcas, na atualidade, é conduzida da mesma forma em todo o mundo.

Passada essa observação, vale uma breve explicação de tal contexto: sociedade ocidental porque nos situamos no Ocidente e, mais do que isso, nosso sistema de pensamento segue uma lógica diferente daquela vigente no Oriente. Basta conhecer o estilo de gestão das empresas japonesas, coreanas ou chinesas para percebermos que a forma de organizar o pensamento daqueles povos é bem diferente da nossa. Capitalista porque este o é sistema vigente em nosso país e é como nossas relações entre produção e consumo são ordenadas. Pós-moderna porque, historicamente, vivemos em uma época muito diferente daquela dos nossos avós ou bisavós.

Segundo alguns autores, como Harvey (2012), Hall (2014) ou Lyortard (2013), a pós-modernidade começa no final do século XIX, com a queda do Muro de Berlim e com a derrocada da União Soviética a partir de 1989. Mas vale reforçarmos que esta nova configuração de mundo vai se solidificando no início do século XXI, com eventos como os atentados de 11 de setembro de 2001 e todas as mudanças geopolíticas, sociais e econômicas pelas quais – ainda – estamos passando na atualidade. Esse mundo do século

XXI é bem diferente do cotidiano do século XX, marcado por duas guerras mundiais e, depois, pela Guerra Fria. Sem falar na rapidez que as mudanças tecnológicas trouxeram para nosso dia a dia, principalmente após o barateamento das conexões com a internet, da expansão das redes sociais digitais e do advento dos dispositivos móveis (como *smartphones* e *tablets*) e dos *wearables* (dispositivos vestíveis, como *smartwatches* e óculos de realidade aumentada).

O importante é que situemos nosso entendimento sobre o papel das marcas na sociedade de consumo dentro de tal contexto, já que veremos a seguir que pensar a gestão de marcas é pensar, necessariamente, nossa contemporaneidade.

A partir do contexto em que estamos inseridos, podemos compreender o conceito de sociedade de consumo, formada a partir da primeira Revolução Industrial, ao final do século XVIII, e modificada a partir do advento da indústria cultural ao final do século XIX. Resgatemos, agora, de forma breve, essa formação e modificação para compreendermos o papel das marcas em nossa sociedade.

Resumidamente, a primeira Revolução Industrial significou a utilização do vapor como principal força motriz de máquinas, a partir da queima do carvão, e representou uma acelerada expansão na capacidade produtiva das indústrias (principalmente na indústria têxtil), gerando mais oferta de produtos no mercado. Primeiro na Inglaterra, ao final do século XVIII, e depois em países como Holanda, França, Estados Unidos e Alemanha, ao longo do início do século XIX, essa revolução marcou o rápido crescimento das cidades devido ao êxodo rural, quando trabalhadores começaram a sair do campo para buscar trabalho nos ambientes urbanos.

Pois bem, imaginemos uma empresa que fabricasse tecidos e que, antes das invenções industriais da época, produzia 10 metros por dia em uma manufatura artesanal. A partir da utilização de um tear mecanizado movido a vapor, a mesma empresa passou a produzir 200 metros diariamente. Qual seria o "problema" que o dono da indústria precisaria resolver? Se, antes, havia uma demanda atendida pelos 10 metros diários de tecido e seu espaço de estoque era suficiente, agora ele deveria escoar sua produção para o mercado numa velocidade maior, pois até fisicamente ele não conseguiria guardar o excedente dos 200 metros produzidos num determinado dia e sabia que haveria mais 200 metros de tecido para estocar no dia seguinte e nos dias subsequentes.

Então, para resolver este "problema" o industrial de nosso exemplo e diversos outros naquela época e naqueles países começaram a perceber que precisariam criar uma demanda para que as novas populações urbanas pudessem comprar e consumir seus produtos. Nascia, aí, a sociedade de consumo. É claro que estamos nos referindo a um fenômeno econômico-social que não foi "inventado" por um ou outro empresário e, muito menos, aconteceu do dia para a noite.

Décadas se passaram até que a sociedade de consumo fosse construída, coletivamente, por todos que nela estavam inseridos. Com o advento e início da popularização da indústria cultural ou meios de comunicação de massa, na segunda metade do século XIX, a sociedade de consumo passou a se representar e ser representada: não apenas pelas notícias publicadas pela imprensa ou pelas histórias contadas no cinema, mas, principalmente, por meio da publicidade. Nascida das seções de classificados nos jornais impressos e se configurando em poucas décadas como um conjunto de técnicas de persuasão com objetivo de promover a venda de produtos e serviços, a publicidade começou a tomar espaços específicos nas ruas (por meio de cartazes ou grandes painéis) e nos meios de comunicação de massa, servindo como um dos principais "financiadores" da indústria cultural. Exatamente por isso, Rocha (1995) nos lembra de que a indústria cultural e o próprio fenômeno do consumo compartilham aspectos intrínsecos ao conceito de "fato social" de

Durkheim: são coercitivos, extensos e externos ao indivíduo. A sociedade de consumo e a indústria cultural, como seu mecanismo para a viabilização do discurso simbólico, fazem circular um conjunto de representações que atuam como presença da coletividade frente ao indivíduo (coercitivo), acontecendo fora das consciências particulares (externo) e presente em todos os aspectos da vida de quem nela participa (extenso).

Para facilitar o entendimento dessa relação e como as marcas se situam dentro da sociedade de consumo, dependendo da indústria cultural para existirem socialmente, vamos analisar tal dinâmica.

Figura 5
A dinâmica das marcas na sociedade de consumo

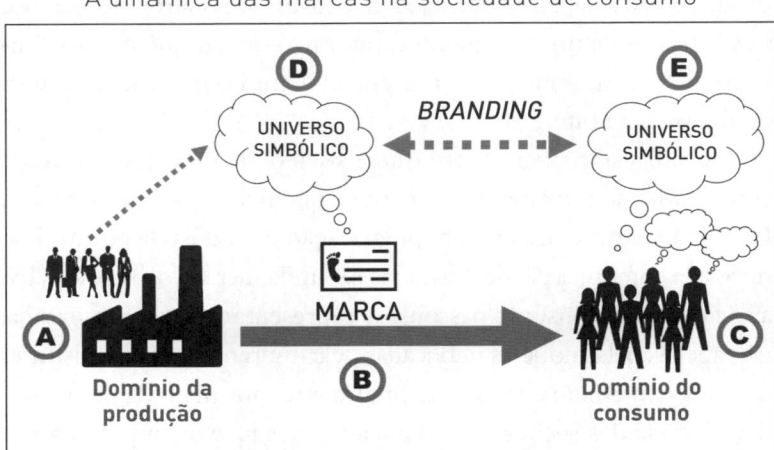

Na figura 5 temos uma fábrica de monitores de computador, por exemplo, representada por (A). Os principais especialistas dessa fábrica são engenheiros eletrônicos preocupados com a produção dos monitores: seus componentes eletrônicos, sua tela e o gabinete de plástico que encapsula o produto. Assim como a fábrica (A), temos outros concorrentes (B), que entendem do processo de fabricação de uma mercadoria.

A necessidade da fábrica (A) é vender tais mercadorias para seus consumidores-alvo (E), porém a empresa precisa de profissionais que a ajudem nessa tarefa. É aí que entram os profissionais de marketing, publicidade, relações públicas, assessoria de imprensa, vendas, entre outros. Tais profissionais (C) são contratados pela fábrica (A) e elaboram estratégias, planos táticos, campanhas, mensagens, conteúdos para persuadir os consumidores (E) a comprar os monitores de computador. Essas produções persuasivas precisam ser veiculadas em algum tipo de canal onde os consumidores (E) possam ver as mensagens: os meios de comunicação de massa (também chamado de indústria cultural), aqui representados em (D).

Se as mensagens sobre os produtos da fábrica (A), criadas pelos profissionais (C) e exibidas nos meios de comunicação de massa (D) para o público consumidor (E) apenas venderem os monitores enquanto produto, ou "mercadoria" (um monte de componentes eletrônicos com uma tela envoltos em um gabinete de plástico), esta não representará nada ao público. Isso acontece porque o monitor de computador ainda reside no chamado domínio da produção e não no domínio do consumo, ou seja, "quando saem das fábricas os produtos são impessoais, seriados e anônimos, mas deverão ser consumidos por seres humanos com determinadas particularidades" (Scheiner, 2006:26).

Se comunicação sobre o produto disser "Compre monitores de computador", o público (E) poderá comprar qualquer monitor, já que este será persuadido por querer comprar um produto daquela categoria, mas de qualquer fabricante, incluindo a empresa principal de nosso exemplo (A), bem como seus concorrentes (B).

O elo que falta para fechar esse ciclo e fazer com que o público (E) compre exatamente o produto produzido na empresa (A) deve ser "algo" que dê uma espécie de "certidão de nascimento" e faça o produto sair do domínio da produção e entrar no domínio de consumo. Justamente, esse "algo", essa certidão que dá vida a uma mercadoria, um bem, dentro da sociedade de consumo, é a marca (F).

Ao associar um nome e uma identidade visual a um produto, ou seja, ao lhe dar uma marca (F), temos a socialização de um produto fabricado por (A) para um público (E), por meio da indústria cultural (D) em que:

> Os rituais de socialização do consumo são operados, através da tradução do universo ideológico da venda em um mundo caracterizado por um amplo repertório simbólico de ideias, emoções, sensações e escolhas [Scheiner, 2006:26].

Não podemos esquecer que a publicidade, por exemplo, é fundamental para que as marcas continuem a desempenhar esse papel de elo entre pessoas e mercadorias na sociedade de consumo, já que um dos seus objetivos é "difundir e impor marcas, motivar seu consumo e manter imagens adequadas entre os consumidores" (Sampaio, 2003:112). E, da mesma forma, as marcas reforçam a existência da própria publicidade:

> Não é possível anunciar um objeto sem que haja uma marca que o classifique. Da mesma forma, não é possível classificar com uma marca, sem que esta se torne conhecida para o consumidor. Em ambos os casos, não haveria a decodificação que dá sentido ao consumo [Scheiner, 2006:33].

E o *branding*, onde entra como o processo de gestão da marca, dentro da dinâmica apresentada anteriormente? Façamos uma análise da figura 6 para compreendermos, enfim, o que é *branding*. Se as marcas (B) representam a passagem de mercadorias do domínio da produção (A) para o domínio do consumo (C), é importante destacarmos que tal passagem é essencialmente simbólica.

Figura 6
O *branding* como operador das relações
simbólicas entre marcas e consumidores

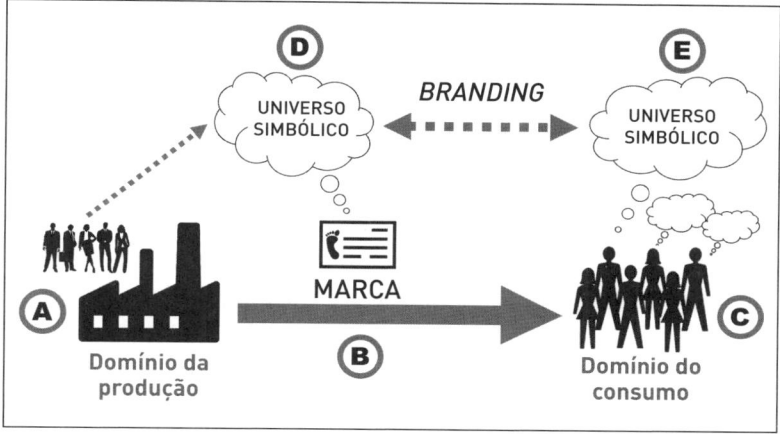

Mais do que comprar uma determinada mercadoria (como um monitor de computador, no exemplo utilizado anteriormente), quando as pessoas adquirem produtos ou serviços, estão, na realidade, comprando desejos de satisfação por meio de referenciais simbólicos. Poderíamos até argumentar que determinado produto tem características técnicas melhores que as dos concorrentes, porém, em um mundo onde cada vez mais facilmente se copiam inovações tecnológicas, e os produtos, em sua função utilitária, são cada vez mais parecidos, as marcas é que se sobressaem quando oferecem tais referenciais simbólicos.

Voltando à figura 6, vemos que os consumidores (E) possuem seus "universos simbólicos" – que são o conjunto de desejos, emoções, aspirações, necessidades, experiências, lembranças, momentos vividos. Cada um de nós, enquanto ser humano, possui tal conjunto individual na mente. Por exemplo, a dor emocional relacionada à perda de um ente querido ou a sensação de alegria por ter sido aprovado em uma universidade. E muitos desses "universos simbólicos" individuais também encontram semelhanças no dia a dia. É claro que duas pessoas podem ter experimentado tais acontecimentos de formas diferentes, em momentos temporais diferentes e em locais diferentes, mas o conjunto emocional (simbólico) de ambas pode ser bem parecido. Afinal, como seres sociais, nós buscamos reconhecer semelhanças ou diferenças simbólicas para estarmos próximos de certas pessoas ou distantes de outras.

Foi no final da década de 1980 que os publicitários, gestores de marketing e – principalmente – os gestores de marca começaram a entender que seria proveitoso também envolver as marcas com seu próprio "universo simbólico" (D) e estimular a conexão emocional com os "universos simbólicos" (E) dos consumidores. E é essa gestão das conexões emocionais que denominamos *branding*. Conforme ressalta Martins (2006), *branding* representa um conjunto de ações estratégicas que levam as marcas a fazer parte da cultura e a influenciar a vida das pessoas.

Concluímos esta seção do livro reforçando que o "universo simbólico" da marca (D) é criado por profissionais de marketing e de *branding* quando contratados por empresas (A) para ajudar seus produtos ou serviços a saírem do domínio da produção para o domínio do consumo e, efetivamente, circularem dentro de nossa sociedade por meio dos consumidores. Veremos, a seguir, como transformar essa dinâmica em um planejamento estratégico de *branding*.

Objetivos de um projeto de *branding*

Agora que já analisamos o que é *branding*, seu escopo e processo de gestão das marcas nas empresas e, principalmente, a dinâmica das marcas dentro da sociedade de consumo na qual vivemos, é importante entender que cada projeto de *branding* precisa ter alguns objetivos bem definidos. Conforme dito por Kotler e Keller

(2012), o projeto de *branding* precisa dotar bens e serviços com o poder de uma marca. Como vivemos hoje uma cobrança crescente para que a área de marketing comprove o retorno das suas ações, lembramos que não haverá indicador de sucesso de um projeto de *branding* se alguns dos objetivos descritos a seguir não forem atendidos integralmente, visto que constituem a essência do objetivo de *branding* – a unicidade (posição singular) no posicionamento da empresa dentro do mercado.

Al Ries (2011), em seu livro *Posicionamento: a batalha pela sua mente*, faz uma referência relevante aos objetivos do projeto de *branding* – o posicionamento, que não é apenas uma estratégia de marketing, mas sim de comunicação, que precisa ser integrada para funcionar. Assim uma marca deve ter um estilo próprio e diferenciado, capaz de conseguir atrair o interesse e a fidelidade de seus consumidores. A batalha pelas fatias do mercado, depois do conceito de posicionamento, não ocorre mais entre marcas nas prateleiras do supermercado. Ela ocorre antes na mente do consumidor. De uma forma geral, o projeto de *branding* terá os seguintes objetivos: diferenciação, propriedade, consistência e relevância. Veremos, a seguir, como cada um é definido.

Primeiro objetivo: diferenciação – O projeto precisa desenvolver uma estratégia de marca que potencialize a empresa e crie a tão almejada diferenciação no mercado em relação aos seus concorrentes. Dentro do conceito da unicidade, o projeto almeja posicionar a marca da empresa ou do produto em um patamar de diferenciação dentro do mercado, posição essa de total defesa pela empresa, visto que é autêntica e centrada em sua identidade e na cultura organizacional para que seja percebida como singular por seus *stakeholders*.

Para compreendermos melhor o conceito de diferenciação, a figura 7 exemplifica como as estratégias de dois bancos brasileiros caminharam no sentido de terem posicionamentos completamente diferentes um do outro.

Figura 7
Exemplos de diferentes estratégias de
posicionamento de marca entre Itaú e Bradesco

	Itaú	Bradesco
Cor Predominante	Laranja	Vermelho
Logo		
Exemplo de aplicação em papelaria		
Exemplo de aplicação em agência		

Segundo objetivo: propriedade – Nessa etapa do projeto, o objetivo é desenvolver um ativo (personalidade proprietária) para a empresa, criando *equities* associativos e visuais que, ao serem vistos, remetem diretamente à empresa. Por exemplo, a grafia da marca da Coca-Cola (figura 8) é um patrimônio conquistado pela empresa, visto que sua utilização é de exclusividade da empresa.

Figura 8
Grafia da marca Coca-Cola

Tal patrimônio gera a diferenciação pretendida nas diferentes formas de comunicação (embalagem, material de ponto de venda ou anúncio), tornando-se sua propriedade e barreira de entrada para os concorrentes, conforme podemos perceber na figura 9.

Figura 9
Equities marca Coca-Cola

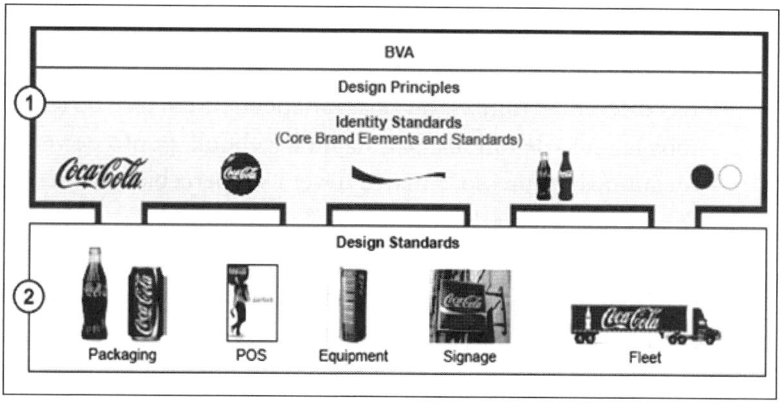

[Figura: Diagrama dos equities da marca Coca-Cola, dividido em duas partes: (1) Identity Standards (BVA, Design Principles, Identity Standards — Core Brand Elements and Standards) e (2) Design Standards (Packaging, POS, Equipment, Signage, Fleet).]

Fonte: <www.designtos.com/postpic/2009/03/global-coca-cola-brands_254027.png>.

Terceiro objetivo: consistência – O projeto precisa alinhar o discurso em todos os pontos de contato da marca com os diversos *stakeholders* da empresa. Uma vez alcançadas a diferenciação e a propriedade, objetivos iniciais de um projeto de *branding*, é hora de criar uma arquitetura de marcas que estabeleça uma relação de valor entre as marcas da empresa e em todos os pontos de contato da marca. Por exemplo, uma empresa como a P&G (Procter & Gamble) ou a Unilever, que gerenciam um portfólio extenso de produtos e marcas (conceito de multimarca que será abordado no próximo tópico) tem de manter a consistência do seu projeto de *branding* em todos os seus diferentes produtos. A consistência pode ainda se desdobrar:

- nas diferentes comunicações, ou seja, ela vai procurar uma linearidade na construção de sua narrativa, de forma que um esforço de comunicação complemente o esforço anterior,

gerando, ao longo do tempo, um adequado entendimento da proposta de valor da empresa;
- perante os diversos *stakeholders*, ou seja, os diversos públicos que formam o ecossistema de *stakeholders* da organização e que devem ser impactados da mesma forma e pelo mesmo esforço de construção de marca, evitando uma imagem fragmentada e dissonante no mercado;
- nas diferentes mídias, ou seja, independentemente de estarmos falando de um *site*, página no Facebook, ponto de venda ou anúncio impresso, a marca deverá ser percebida da mesma forma por seus *stakeholders*.

Quarto objetivo: relevância – Para finalizar os quatro objetivos básicos, abordaremos a questão da relevância. De nada adiantará todo o esforço da organização na construção de marca e na obtenção de diferenciação, propriedade e consistência se, ao final, todo esse esforço não for percebido como relevante pelos corações e mentes de seus *stakeholders*.

Variando de organização para organização, outros objetivos podem ser adicionados a um projeto de *branding* (como relançar uma marca ou criar um novo conceito), porém os quatro objetivos descritos anteriormente, se trabalhados de uma forma integrada, criarão uma atmosfera adequada ao projeto, gerando elementos de marca de fácil memorização, relevantes para os *stakeholders*, protegidos de cópia e plágio, e funcionando como alavancas de geração de valor. Resumindo, *branding* é manter a eterna relevância da marca.

Um correto projeto de *branding* irá gerar um maior *brand equity*, ou seja, o valor da marca. No capítulo de metodologias de valoração da marca, veremos que o somatório dos conceitos diferenciação e relevância irá gerar a força da marca, e a estima e o conhecimento irão gerar a estatura da marca, ou seja, seu capital emocional.

Arquitetura de marca: marcas monolíticas, endossadas e multimarcas

Tendo uma compreensão mais apurada sobre o que é um projeto de marca e de reputação, precisamos avançar no conhecimento sobre arquitetura de marcas e seus desdobramentos.

Quando falamos sobre arquitetura de marcas, ou seja, a forma como a marca principal e suas submarcas estão estruturadas, estamos falando também sobre a estratégia do portfólio de marcas de uma organização, seu tamanho, extensão e abrangência.

Abordaremos quatro grandes vetores da arquitetura (portfólio) de marcas: as marcas monolíticas, as submarcas, as marcas endossadas e as multimarcas (casa de marcas ou *house of brands*, em uma expressão em inglês muito usada no mercado).

Marcas monolíticas (ou marcas primárias) – Segundo Tybout e Calkins (2006), a marca primária é o nome de marca principal de um produto ou serviço, sendo geralmente o maior elemento de *branding* em um pacote de produtos ou em uma peça de comunicação. É aquilo a que as pessoas se referem quando falam sobre a marca. Marcas como McDonald's, Starbucks, Marlboro, GE e Samsung, entre outras, utilizam o conceito de marca monolítica (veja exemplos na figura 10). Esta estratégia facilita a gestão, concentra o foco da organização e investimento em uma marca única, proporcionando, se realizada da maneira correta, um maior valor de marca, bem como associações claras à proposta de valor por ela expressa.

Figura 10
Exemplos de empresas com marcas monolíticas

Ainda explicitando sobre marcas monolíticas, como exposto por Tybout e Calkins (2006), submarcas são elementos secundários de *branding* que estão abaixo da marca primária, mas geralmente acima da descrição do produto. E, nesse cenário de quando uma marca já existe e encontra oportunidades de expandir seus negócios, é preciso levar em conta algo essencial para que a expansão seja realizada de forma satisfatória: as pessoas precisam entender que as novas marcas (submarcas) possuem o endosso da marca principal (exemplo da FedEx na figura 11). Para tanto, precisa ficar clara a razão da conexão entre as marcas, as vantagens dessa ligação e as diferenças entre os negócios e suas proposições de valor.

Figura 11
Exemplos de submarca da empresa Federal Express (FedEx)

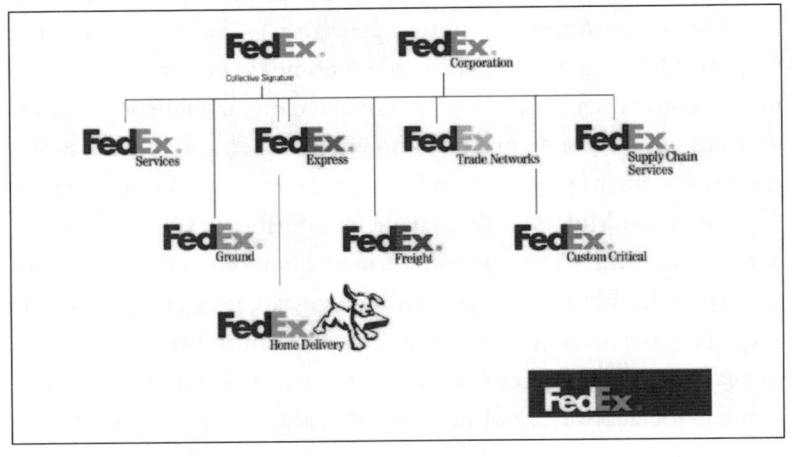

Marcas endossadas – São elementos secundários de *branding*, pois quando uma marca endossada está presente, uma marca primária e uma descrição do produto também o estarão, complementando a mensagem que se pretende passar. A estratégia: dar credibilidade à marca e trazer segurança ao consumidor. Para facilitar o entendimento, imagine a cadeia de hotéis Marriott, presente em todo o mundo. Ela usa a marca de endosso para assegurar que um hotel, seja no Rio de Janeiro ou em Taiwan, por exemplo, possui a qualidade mundial da rede Marriott. O mesmo faz a empresa de tecnologia Intel. Quando o consumidor pesquisa para comprar um novo computador, a marca Intel Inside lhe traz a certeza de que está comprando um produto de elevada qualidade. Ou a Oneworld, aliança de programas de fidelidade de empresas de aviação de diversos países, com o objetivo de promover facilidades aos clientes que desejam não apenas acumular pontos (milhas) para trocar por benefícios, mas realizar viagens cujos trechos serão cobertos por mais de uma companhia aérea sem a necessidade de comprar passagens diferentes, por exemplo. Na figura 12 temos os exemplos de tais marcas.

Figura 12
Exemplos de empresas com marcas endossadas

Para ilustrar os conceitos anteriores de uma vez só, vamos pensar em um modelo de carros existente no mercado nacional até o ano de 2016: o Fiat Palio Adventure. Nessa construção, Palio representa a marca, Adventure representa a submarca e Fiat a marca que endossa essa promessa de valor.

Multimarcas (casa de marcas) – Gerenciamento de um portfólio de marca, chamadas na língua inglesa de *house of brands*, ou seja, a empresa possui um número de marcas diferentes, em muitos casos dentro da mesma categoria (exemplos na figura 13). Nesse modelo, cada produto/serviço tem marca própria, tendo a empresa o prévio cuidado de alinhar, no seu planejamento, um posicionamento específico para cada marca, evitando, assim, a canibalização entre elas e a redundância de posicionamento. Para tanto, cada marca tem um público e uma oferta de valor definida. Porém, essa estratégia exige uma capacidade elevada de investimento em comunicação e gera, em alguns casos, conflitos entre os diversos gerentes de produtos nela envolvidos.

Figura 13
Exemplos de empresas com estratégias de multimarcas

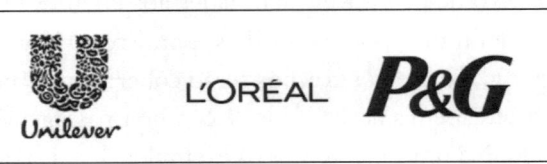

Ainda sobre multimarcas, imagine, por exemplo, a arquitetura de marcas de uma empresa global como a Unilever (figura 14). Ela tem um número elevado de produtos e marcas e elas precisam de alguma forma estar dentro de um planejamento maior de comunicação.

Figura 14
Exemplo de arquitetura multimarca da Unilever

O mesmo acontece com a Procter & Gamble (P&G), com um portfólio diversificado em sua arquitetura multimarca (figura 15).

Figura 15
Exemplo de portfólio de marcas da P&G

Complementando, veremos agora alguns conceitos relacionados à gestão de marcas: *rebranding* e *co-branding*.

Comecemos por *rebranding*. É o processo de criação de um novo nome, logotipo, identidade (visual ou sonora) ou a combinação de todos estes elementos de uma determinada marca, seja de um produto, um serviço ou mesmo uma empresa. De forma conceitual, um projeto de *rebranding* (reconstrução/revitalização da marca) tem como principais motivações:

- necessidade de reposicionamento da marca, por conta de demandas de mercado, para manter sua relevância aos olhos dos *stakeholders*;
- processos de fusão ou aquisição, para que exista uma harmonização da estratégia de comunicação da empresa ou da marca;
- urgência da mudança, quando a marca transmite uma conotação negativa devido a diversas situações (como escândalos ou crises) que afetam negativamente sua imagem;

- mudança do foco estratégico da organização (reposicionamento de seu produto principal);
- tornar a identidade visual da organização mais atual;
- conferir um maior profissionalismo à imagem da empresa;
- buscar gerar um maior distanciamento e diferenciação da sua concorrência.

Como exemplo, destacamos a Companhia Vale do Rio Doce que, em 2007, passou a ser denominada Vale e apresentou ao mercado sua nova identidade visual (figura 16), em um completo projeto de *rebranding*.

Figura 16
Exemplo de projeto de *rebranding* da Vale

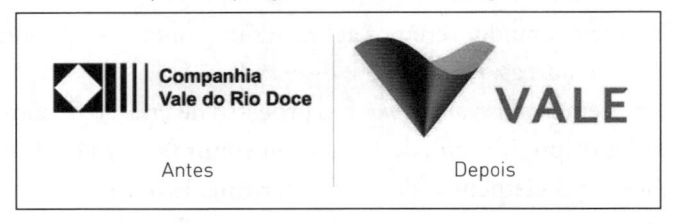

Companhia Vale do Rio Doce	VALE
Antes	Depois

Outro caso foi a Netflix que, em 2014 e 2016, procedeu a uma mudança para consolidar sua marca com um grande símbolo reconhecido em qualquer lugar pelo seu serviço de *streaming*. Primeiro, em 2014, eles fizeram a alteração da marca (lado esquerdo da figura 17) e, em 2016, fizeram uma abreviação da mesma para ser usada nas redes sociais (como Facebook e Instagram).

E, para finalizarmos o conceito de *rebranding*, apresentamos o caso do Instagram (figura 18), uma das maiores mudanças acontecida nos últimos anos em questão de identidade visual. O Instagram buscou tirar tudo o que era "desnecessário" e deixar aquilo que poderia manter a marca icônica, facilmente reconhecida e flexível. A utilização da paleta em gradiente veio ao encontro da tendência de *design* contemporâneo e as novas cores (como violeta, azul, magenta, laranja e amarelo) trouxeram um ar mais leve e "alegre" ao aplicativo.

Figura 17
Exemplo de projeto de *rebranding* da Netflix

Figura 18
Exemplo de projeto de *rebranding* do Instagram

É importante destacar que um projeto de *rebranding* pode custar caro. Imagine, por exemplo, que você trabalha em um banco. Você terá de planejar a atualização visual de todas as agências, uniformes, veículos, folheteria e *site*. Se for uma companhia área, essa mudança deverá contemplar até a pintura de sua frota de aeronaves.

O conceito de *co-branding* pressupõe a união de esforços de duas ou mais marcas distintas, normalmente de organizações que não atuam em um mesmo segmento de mercado, porém com posicionamento e propostas de valor complementares. Estas marcas se engajam em um projeto de parceria para o desenvolvimento e oferta, ao mercado consumidor, de um novo produto, serviço ou experiência, como a Apple e a Nike fizeram quando desenvolveram o conceito do Nike+, que evoluiu para o Nike+ Run Club, uma plataforma global de corrida por meio de um clube para praticantes utilizarem seus dispositivos Apple (*iWatch* e *iPhone*, por exemplo) com um aplicativo de gestão de desempenho físico, comunidade de corredores e acesso a produtos e eventos da Nike (figura 19).

Figura 19
Exemplo de *co-branding* entre Nike e Apple

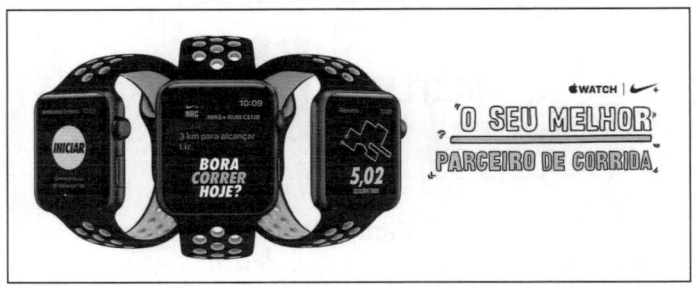

Ações de *co-branding* pressupõem quatro características, conforme expõem Helmig, Huber e Leeflang (2008): primeiro, as marcas participantes devem ser independentes antes, durante e após a oferta do produto, serviço ou experiência *co-branded*. Em segundo lugar, as empresas que possuem as marcas devem implementar uma estratégia de *co-branding* com algum propósito. Em terceiro, a cooperação entre as duas marcas deve ser visível para os potenciais compradores e, em quarto lugar, um produto, serviço ou experiência deve ser combinado com as duas marcas ao mesmo tempo.

No quadro 3, apresentamos outros exemplos de ações de *co-branding*.

É importante ressaltar que, em um projeto de *co-branding*, ambas as marcas participantes compartilham seus referenciais simbólicos e percepção de imagem. Ou seja, tal parceria soma forças e traz benefícios sobre aspectos e percepções relacionados às duas marcas e amplia seu alcance simbólico na mente dos consumidores, normalmente oferecendo ao cliente experiências positivas que irão refletir favoravelmente no reforço de construção de reputação das marcas originais.

Quadro 3
Exemplos de ações de *co-branding*

Produtos	Objetivo
Omo e Comfort	Desenvolvimento de um sabão em pó contendo amaciante de roupas em sua formulação.
Bob's e Ovomaltine; McDonald's e Ovomaltine.	Criação de um milk-shake que, por anos, foi um dos principais produtos da rede Bob's. Até que, em 2016, essa rede de lanchonetes perdeu a exclusividade de uso do nome "milk-shake de Ovomaltine" para o rival McDonald's.
GoPro e Red Bull	Lançamento de campanhas e projetos conjuntos sobre estilo de vida associado a aventuras, como a captação em vídeo do salto da estratosfera pelo paraquedista Felix Baumgartner.
Uber e Spotify	Criação de *playlists* específicas para clientes Uber curtirem música durante a viagem, incluindo o controle da música pelo cliente diretamente no aplicativo de transporte.

Porém caso alguma das marcas envolvidas esteja passando por crises de imagem e reputação, uma parceria de *co-branding* existente pode acabar contaminando a outra marca participante. No caso do exemplo de parceria entre o Uber e o Spotify (figura 20), existente desde 2014, a primeira empresa viu-se envolvida em problemas de gestão, propriedade intelectual e afastamento de seu CEO em 2017. Esse dano na imagem da marca Uber fez com que o Spotify reconsiderasse a parceria com o aplicativo de transporte, avaliando inclusive o término do serviço integrado de acesso e controle de *playlists* para os clientes Uber. No entanto, a empresa decidiu por não punir seus usuários derrubando o acesso à plataforma nos carros, mantendo a parceria e acompanhando de perto o comportamento do Uber.

Conforme exposto nesta seção do livro, já podemos compreender melhor como as marcas podem ser estruturadas em sua relação com outras marcas. Agora, passaremos a buscar o entendimento da cadeia de formação de valor da marca, ou o conceito de *brand equity*.

Figura 20
Exemplo de parceria entre Uber e Spotify

Cadeia de formação de valor da marca (*brand equity*)

Vimos anteriormente, neste capítulo, que um projeto de *branding* deve objetivar posicionar a marca na mente dos consumidores, por meio dos seguintes objetivos: diferenciação, propriedade, consistência e relevância. Agora, é o momento de avançarmos no estudo da cadeia de valor da marca.

Quando falamos em "cadeia de formação de valor" de uma marca, referimo-nos ao seu valor intrínseco na visão dos consumidores, ou seja, utilizamos o conceito já exposto sobre sistemas simbólicos, pois aqui não importa apenas o quanto a marca representa em termos de retorno financeiro para a empresa (exploraremos melhor a valoração de marcas na próxima seção deste capítulo). Importa mais, na aplicação do *branding* por gestores de marketing e de marcas, o quanto aquela marca significa algo para seus consumidores, seja em termos de benefícios tangíveis (o produto ou serviço cumpre sua promessa principal) ou, principalmente, em benefícios intangíveis (emoções, experiências simbólicas). E, para o *branding*, cadeia de valor pode ser entendida como *brand equity*.

Brand equity é tudo o que a marca possui em termos de tangível e intangível, todo o seu patrimônio simbólico e físico ou, conforme Aaker (2015:8), o "patrimônio líquido da marca". E este conjunto de ativos e obrigações ligados à marca pode acrescentar ou subtrair valor de um produto ou serviço para a empresa e seus clientes. O *brand equity* traz "a somatória dos valores e atributos das marcas, que devem se transformar em lucros para os seus proprietários e acionistas" (Martins, 2006:193) e esse somatório de valores passa, principalmente, pela memória dos consumidores.

Para trabalharmos a cadeia de formação de valor da marca, construindo *seu brand equity* na mente dos consumidores, Keller (2001) desenvolveu um modelo denominado *brand equity* baseado no cliente, ou CBBE (do inglês *customer-based brand equity*), que aborda quatro perguntas feitas pelos consumidores cujas respostas os gestores de marketing devem obter para entenderem melhor como construir marcas fortes:

> Quem é você? (identidade da marca)
> O que é você? (significado da marca)
> O que penso ou sinto sobre você? (respostas de marca)
> Quais conexões desejo ter com você? (relacionamento de marca)
> [Keller, 2001:5, tradução livre].

A partir das respostas obtidas com essas perguntas, em cada estágio, o gestor deve buscar trabalhar sua marca com os seguintes objetivos:

- estabelecer a própria identidade da marca, ou seja, a amplitude e profundidade de percepção de sua existência (o chamado *brand awareness*);

- criar um conjunto simbólico (significado) apropriado sobre a marca por meio de associações fortes, favoráveis e únicas;
- provocar respostas positivas e acessíveis;
- forjar relacionamentos leais entre a marca e os consumidores de forma intensa e ativa.

Ao responder às perguntas e definir ações das quatro etapas, a marca consegue construir sua pirâmide do CBBE que traz seis blocos estratégicos: proeminência, desempenho, imagem, julgamentos, sentimento e ressonância. Keller (2001) reforça que a ressonância, como último bloco, é aquele mais importante que, quando conquistado e construído adequadamente, significa que os consumidores possuem um alto grau de lealdade à marca. Com isso, é possível trabalhar estratégias de preços *premium* ou programas de marketing mais eficientes e efetivos. O modelo da pirâmide do CBBE provê uma importante ferramenta para que empresas possam acompanhar seu progresso nas ações de construção de seu *brand equity*. Vale ressaltar que a construção do CBBE por uma marca acontece da base para o topo da pirâmide, onde cada novo bloco será trabalhado pela empresa após a conquista do bloco imediatamente anterior. Na figura 21, podemos visualizar a pirâmide do CBBE contendo as quatro perguntas e as quatro etapas de construção de marcas fortes.

Segundo Keller e Machado (2006), para que se obtenha essa posição na mente do público, as associações à marca criadas pelo discurso das empresas devem ser favoráveis, únicas e fortes.

Favoráveis, pois uma marca não irá, obviamente, falar mal dela mesma. Irá sempre buscar atributos positivos sobre o produto ou serviço que representa e persuadir o público de que tais atributos atendem (ou até superam, algumas vezes) as necessidades de quem utilizar o que for anunciado.

Figura 21
A pirâmide do CCBE de Keller

[Pirâmide com níveis: Proeminência de marca; Desempenho de marca / Imagem de marca; Julgamentos do consumidor / Sentimentos do consumidor; Ressonância da marca ao consumidor]

- 4. Relacionamentos = quais conexões desejo ter com você? → Relacionamentos intensos, ativos
- 3. Respostas = o que penso ou sinto sobre você? → Respostas positivas e acessíveis
- 2. Significado = o que é você? → Associações de marca fortes, únicas e favoráveis
- 1. Identidade = quem é você? → Conscientização de marca profunda e ampla

Fonte: Keller (2001:7).

Únicas porque devem ser diferentes do que as marcas concorrentes dizem ou reforçam sobre si mesmas. Ninguém quer ser visto como igual ao concorrente, mas sempre diferente e, de preferência, mais adequado ao que o consumidor necessita. Por isso, nunca vimos e, provavelmente nunca veremos, a cerveja Brahma dizer que é igual à Antarctica – ainda que o processo produtivo seja muito similar e que ambas pertençam à mesma companhia: AmBev.

E fortes para que sejam lembradas e estejam constantemente na cabeça do consumidor. Afinal, "marca que não é bem lembrada, não é comprada" (Pitta e Katsanis apud Martins, 2006:195). Essa falta de lembrança da marca pode representar o *brand equity negativo*, que não significa o desapreço dos consumidores por determinada marca (quando estes estão descontentes com o desempenho do produto ou serviço que ela representa, por exemplo).

Brand equity negativo ocorre quando consumidores reagem identificando apenas o produto genérico, sem marca, ao representante da categoria e não conseguem reconhecer diferenças entre este e um produto de marca. Como vimos na seção que explica o conceito de *branding*, nenhum fabricante (por exemplo) deseja que consumidores comprem qualquer mercadoria de um determinado segmento de mercado, mas sim aquelas produzidas por ele e que estejam com sua própria marca ("certidão de nascimento" para o domínio da sociedade de consumo). Ou seja, a situação de *brand equity* negativo é extremamente desvantajosa para qualquer empresa – já que os consumidores demonstram comprar qualquer marca, por não terem vínculos emocionais sobre determinada marca de uma categoria de produtos.

Na visão de Aaker (1998), outros importantes elementos do *brand equity* também devem ser considerados nas estratégias de *branding*:

- lealdade à marca: é mais barato manter consumidores existentes do que conquistar novos;
- conhecimento do nome: pessoas compram marcas que lhes são familiares;
- qualidade percebida: percepção de qualidade geral, que pode assumir diferentes formas, mas será sempre uma característica importante e mensurável da marca;
- associações à marca em acréscimo à qualidade percebida: lembranças que a marca ativa na memória do consumidor;
- outros ativos do proprietário da marca: patentes, registros, relações com canais de distribuição etc.

E, para complementar, vamos tecer algumas breves considerações sobre a importância dos ambientes digitais na construção e manutenção das marcas. Kotler (2017) define o termo marketing 4.0 para significar uma abordagem entre empresas e consumidores por meio da interação *online* e *offline*. Para este autor, a autenticidade se apresenta como o conceito-chave para a formação de valor das marcas, pois embora seja imperativo que as marcas se tornem mais flexíveis a adaptáveis por causa das rápidas mudanças das tendências tecnológicas, ter uma personalidade autêntica é mais importante do que nunca [Kotler, 2017:63].

Na economia digital, para construir seus "sistemas simbólicos" e fazer *branding*, as marcas devem pedir permissão (Godin, 2008) para se relacionar com seus públicos, que estão organizados em comunidades. No lugar de as empresas definirem seu público por um planejamento vertical *top-down* (ou seja, de cima para baixo, em que a marca escolhe seu segmento de clientes e dispara sua comunicação), a gestão e construção do *brand equity* deve ser realizada de forma horizontal:

> Ao pedir permissão, as marcas precisam agir como amigos dotados de um desejo sincero de ajudar, e não caçadores com uma isca. [...] Isso demonstra o relacionamento horizontal entre marcas e consumidores [Kotler, 2017:64].

Kotler nos lembra que, na economia digital, os clientes possuem mais poder (empoderamento) e conseguem mais facilmente avaliar e esmiuçar a promessa de posicionamento de marca de qualquer empresa. A transparência trazida pela ascensão da mídia social digital impede que marcas construam seu *brand equity* com base em promessas falsas ou não verificáveis por seus consumidores. O que deve permanecer, sempre, é a personalidade e os códigos da marca, seu "sistema simbólico" baseado nos valores da empresa e construído de forma cada vez mais colaborativa e em comum acordo com os clientes. Essa característica é importante para reforçarmos a importância da formação de valor das marcas por meio da aplicação de metodologias como a do *brand equity* baseado no cliente (já apresentada nesta seção do livro).

A partir da conceituação de *brand equity*, podemos conhecer as principais metodologias de valoração de marcas – incluindo uma que aplica diretamente o conceito de CBBE em seus processos, como o *brand asset valuation* (BAV). Veja, leitor, a seguir.

Metodologias de valoração da marca (*brand valuation*)

Conforme vimos nos tópicos anteriores, quando uma empresa decide fazer um processo de *branding*, ela, de alguma forma, já estabeleceu os objetivos do projeto (diferenciação, relevância, posicionamento, ente outros). Quando esse esforço começa a se materializar, é comum a seguinte pergunta: Qual é (será) o valor da minha marca?

Essa não é uma pergunta fácil de responder. É bom esclarecer que estamos falando da mensuração de um ativo intangível e que qualquer avaliação de ativos intangíveis não é uma ciência exata, e que, quanto mais informações temos, mais ampliamos a assertividade desse cálculo. Por conta de tal complexidade, algumas empresas globais de consultoria acabaram desenvolvendo seus próprios modelos para a apuração do valor de marca das empresas, sua composição, e, o mais importante, como, a partir desse valor, tomar decisões estratégicas para ampliá-lo e ter comparabilidade com os concorrentes.

Para facilitar o entendimento do tema, veremos, ainda neste capítulo, diferentes conceituações para valoração de marcas aplicados pela Interbrand, Brand Asset Valuator, BrandZ e Brand Finance, que, ao longo do tempo, desenvolveram metodologias bastante robustas para apresentar o valor da marca. Cada empresa tem seu próprio modelo e conjunto de variáveis, mas, em linha geral, partem do mesmo ponto: segregam o valor da empresa do valor dos ativos tangíveis escriturados na contabilidade (*book value*). Essa diferença é denominada ativos intangíveis ou ativos não monetários, como marca, tecnologia, qualificação do corpo funcional, entre outros, que possuem valor e podem agregar vantagens competitivas. Para calcular a parcela desse ativo intangível associado à marca, tais empresas utilizam um processo amplo de pesquisa com *stakeholders*, o que ajuda na apuração do índice de contribuição de cada marca analisada.

1. *Interbrand* – Conforme a definição da própria empresa, trata-se de uma consultoria global que cria e gerencia valor de marca. Para alcançar esse propósito, sua metodologia está baseada na análise e processo de pesquisa de dois grupos de fatores:
   - fatores internos: clareza, proteção, comprometimento e capacidade de resposta da marca;
   - fatores externos: autenticidade, consistência, relevância, presença e diferenciação da marca.

De acordo com seu *ranking* global de 2017, as empresas com maior valor de marca no mundo são Apple, Google, Microsoft, Coca-Cola e Amazon, tendo a Amazon e Facebook conquistado os principais aumentos de valor da marca em relação ao ano anterior. Veja na figura 22 a lista das 24 melhores colocadas naquele ano.

Figura 22
Ranking 2017 de marcas globais mais valiosas segundo a Interbrand

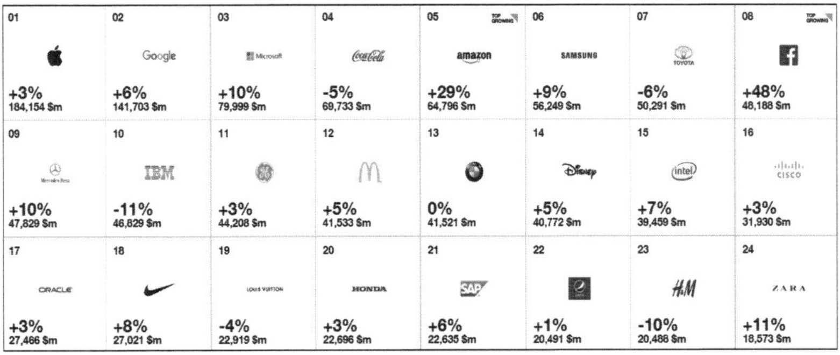

01	02	03	04	05	06	07	08
(Apple)	Google	Microsoft	Coca-Cola	amazon	SAMSUNG	TOYOTA	f (Facebook)
+3%	+6%	+10%	-5%	+29%	+9%	-6%	+48%
184.154 $m	141.703 $m	79.999 $m	69.733 $m	64.796 $m	56.249 $m	50.291 $m	48.188 $m
09	10	11	12	13	14	15	16
Mercedes-Benz	IBM	GE	M (McDonald's)	(BMW)	Disney	intel	cisco
+10%	-11%	+3%	+5%	0%	+5%	+7%	+3%
47.829 $m	46.829 $m	44.208 $m	41.533 $m	41.521 $m	40.772 $m	39.459 $m	31.930 $m
17	18	19	20	21	22	23	24
ORACLE	(Nike)	LOUIS VUITTON	HONDA	SAP	(Gillette)	H&M	ZARA
+3%	+8%	-4%	+3%	+6%	+1%	-10%	+11%
27.466 $m	27.021 $m	22.919 $m	22.696 $m	22.635 $m	20.491 $m	20.488 $m	18.573 $m

2. *Brand Asset Valuator (BAV)* – Essa metodologia foi desenvolvida pela agência Young & Rubicam, que pertence ao Grupo WPP, maior conglomerado global de comunicação. O BAV é considerado a maior base de dados sobre marcas do mundo, com o histórico da evolução de 20 mil marcas, em 140 categorias diferentes. Desenvolvido desde a década de 1980 e aplicado no Brasil desde a década de 1990, o estudo orienta estratégias de gestão de marca, sinalizando para as empresas qual o caminho adequado para construir e identificar as marcas mais saudáveis e valiosas.

    Sua metodologia está baseada em quatro pilares de análise derivados dos objetivos de um projeto de *branding*: diferenciação, relevância, estima e conhecimento.

    A combinação de diferenciação e relevância gera a força da marca ou seu potencial de crescimento, enquanto a estatura da marca gera a associação da estima e do conhecimento. É o indicador decisivo do ágio de que uma marca goza. Gerenciar adequadamente esses relacionamentos é a chave para a construção de marca bem-sucedida e para a retenção do valor da marca.
3. *BrandZ* – Essa metodologia foi desenvolvida pela Kantar Millward Brown. A BrandZ é a maior plataforma de marca global que cobre mais de 100 mil marcas em 45 países. É o único *ranking* de avaliação de marca que mede a contribuição da marca que é válida nas interações com os consumidores. As classificações da BrandZ são as únicas avaliações do mundo que levam em conta o que as pessoas pensam sobre a marca que compram, além da análise rigorosa de dados financeiros, avaliações de mercado, relatórios de analistas, e perfis de risco. A percepção do consumidor de uma marca é um dado-chave na determinação de valor da mesma porque

representam uma combinação de: desempenho de negócios, entrega de produtos, clareza de posicionamento e liderança. De acordo com seu *ranking* global 2017, as empresas globais com maior valor de marca são Microsoft, IBM, Wells Fargo, UPS e GE. Observe as 15 primeiras colocadas na figura 23.

Figura 23
Ranking de marcas globais mais valiosas, segundo a BrandZ (2017)

	Brand	Category	Brand Value 2017 $Mil.	Brand Value 2016 $Mil.	Brand Value % Change 2017 vs. 2016
1	Microsoft	Technology	143.222	121.824	18%
2	IBM	Technology	102.088	86.206	18%
3	Wells Fargo	Regional Banks	58.424	58.540	0%
4	UPS	Logistics	58.275	49.816	17%
5	GE	Conglomerate	50.208	54.093	-7%
6	SAP	Technology	45.194	39.023	16%
7	accenture	Technology	27.243	22.813	19%
8	intel	Technology	21.919	18.632	18%
9	ORACLE	Technology	21.359	19.489	10%
10	HSBC	Global Banks	20.536	20.276	1%
11	Huawei	Technology	20.388	18.652	9%
12	FedEx	Logistics	19.441	16.236	20%
13	ExxonMobil	Oil & Gas	18.727	16.838	11%
14	Shell	Oil & Gas	18.346	14.940	23%
15	citi	Global Banks	17.580	17.055	3%

4. *Brand Finance* – De acordo com o descrito em seu *site* corporativo, a Brand Finance é uma consultoria de avaliação e estratégia de negócios. Para a composição da sua metodologia, a empresa utiliza os critérios – força da marca (investimentos na construção da marca, conquistas) e taxa de lealdade dos clientes – que, multiplicados pela receita que a marca tem gerado, vão resultar no valor da marca. De acordo com seu *ranking* global do ano de 2017, as empresas com maior valor de marca são Google, Apple, Amazon.com, AT&T e Microsoft. Observe as 15 mais bem colocadas, segundo a metodologia de análise da Brand Finance na figura 24.

Figura 24
Ranking Brand Finance das marcas mais valiosas do mundo (2017)

Rank					Brand Value (USD $ Millions)	
2017	2016	Logo	Name	Country	2017	2016
1 ↑	2	Google	Google		109.470	88.173
2 ↓	1		Apple		107.141	145.918
3 →	3	amazon.com	Amazon.com		106.396	69.642
4 ↑	6	AT&T	AT&T		87.016	59.904
5 ↓	4	Microsoft	Microsoft		76.265	67.258
6 ↑	7	SAMSUNG	Samsung Group		66.219	58.619
7 ↓	5	verizon	Verizon		65.875	63.116
8 →	8	Walmart	Walmart		62.211	53.657
9 ↑	17		Facebook		61.998	34.002
10 ↑	13	ICBC	ICBC		47.832	36.334
11 ↓	9		China Mobile		46.734	49.810
12 ↓	11	Toyota	Toyota		46.255	43.064
13 ↓	10		Wells Fargo		41.618	44.170
14 →	14		China Construction Bank		41.377	35.394
15 ↑	22	NTT Group	NTT Group		40.542	31.678

Esperamos, prezado leitor, que ao final deste capítulo o conceito de valor da marca tenha ficado claro para você. Resumindo, cada empresa desenvolveu sua própria metodologia usando variáveis diferentes entre si. O que une essas metodologias será sempre ter de considerar a visão que o consumidor tem sobre as empresas e sua predisposição de compra.

Com isso, encerramos o nosso primeiro bloco de informações sobre marca, reputação, *branding* e valor da marca. No próximo capítulo iniciaremos abordando o conceito de sustentabilidade e as marcas sustentáveis.

2
Contexto da sustentabilidade

Agora, caro leitor, precisaremos parar momentaneamente nossas informações sobre *branding* e reputação para apresentarmos o conceito da sustentabilidade e desenvolvimento sustentável. Eles serão úteis para analisarmos seu grau de interseção com os conceitos de *branding*, de marcas sustentáveis e de atendimento pelas empresas ao novo contexto social em que as marcas cada vez mais são cobradas por suas ações, crenças e atitudes.

Evolução do conceito de desenvolvimento sustentável: uma nova ética social

Para que esse novo conceito seja entendido, precisaremos voltar um pouco no tempo, não no "nosso tempo presente", mas no "tempo de toda a história da humanidade".

Segundo os cientistas, há 13,5 bilhões de anos surgiram a matéria e a energia, o que daria início ao nosso planeta. Com 4,5 bilhões iniciou-se a formação do planeta Terra e, posteriormente, o surgimento de organismos vivos. Somente com 2,5 milhões de anos houve a evolução do gênero *Homo* na África e somente 200 mil anos atrás surgiu *o Homo Sapiens* na África Oriental, sucedendo--se a criação das formas de linguagem, a descoberta do fogo, a invenção da roda, a revolução agrícola, a criação do dinheiro, até atingirmos a revolução industrial 200 anos atrás. Desde lá, com nossa capacidade inventiva, não paramos de inventar e criar objetos, aparelhos e produtos em tal escala que estamos testando os limites do planeta. Prova disso é que os anos 2016 e 2015 bateram o recorde de anos mais quentes da história, conforme cientistas da NASA e da Agência Oceânica e Atmosférica dos Estados Unidos, além do impacto na produção de alimentos, no nível dos oceanos e na preservação das espécies marinhas e terrestres.

De acordo com Veiga (2010), até o final dos anos 1970, o adjetivo "sustentável" não passava de um jargão técnico usado por algumas comunidades científicas para evocar a possibilidade de um ecossistema não perder sua resiliência, mesmo estando sujeito à agressão humana recorrente. Ainda segundo o autor,

> hoje devido a uma evolução que ainda vai demandar tempo para ser bem entendida, o termo passou a ser usado quando queremos exprimir vagas ambições de continuidade, durabilidade ou perenidade. Todas remetendo ao futuro [Veiga, 2010:12].

De acordo com Berlato, Saussen e Gomez (2016), os modelos de produção e consumo utilizados desde a Revolução Industrial, bem como os valores que os sustentam, estão em desacordo com as bases necessárias para a manutenção de um ambiente sadio, pois vêm comprometendo o futuro do nosso planeta. A crescente extração dos recursos naturais tem gerado impactos avassaladores na sociedade e no meio ambiente. Junta-se a isso uma crise econômica mundial que vem aumentando os níveis de pobreza e de desemprego em diversos países, inclusive nos considerados de Primeiro Mundo. Complementando esse pensamento, o autor Caco de Paula, diretor do Planeta Sustentável e da revista *National Geographic Brasil* (Ethos, 2013:6) questiona: "Como encarar os enormes problemas sociais, ambientais e econômicos do nosso século sem cair nas armadilhas da mesma lógica que lhes deu origem?"

Segundo Kotler (2010:22),

> o consumidor atual demanda abordagens de marketing mais colaborativas, culturais e espirituais. As empresas devem se mostrar socialmente responsáveis, somente dessa forma elas terão consumidores comprometidos e engajados.

De acordo com Berlato, Saussen e Gomez (2016), a sustentabilidade como prática no setor empresarial, além de contribuir para melhorias no meio ambiente e para a construção de uma sociedade mais justa, possibilita novas estratégias em *branding*, que podem resultar em vantagem competitiva frente a uma concorrência acirrada e de produtos e serviços similares em que as empresas veem-se obrigadas a buscar outros pontos de diferenciação.

Complementando esse pensamento, Mitmann e Monteiro (2015:41) afirmam que

> desenvolver um posicionamento que seja verdadeiramente engajado em relação às ações sustentáveis, inserindo o tema na estratégia da empresa de forma genuína produzirá oportunidades e trará seguidores de marcas que, além de consumi-las, falarão sobre elas nos meios de comunicação.

O que se depreende de toda essa visão sistêmica é que as questões da sustentabilidade entraram nas discussões de toda a sociedade global, não se encontrando mais em um caminho paralelo, alternativo; deslocaram-se para o centro das ações (Ethos, 2013). Como exposto por Furtado e colaboradores (2011), acabou-se a época em que se vendiam somente produtos tangíveis. Neste momento, nossa função é vender produto social, transformar o produto em marca social. Complementando esse pensamento o autor afirma "é cada vez mais difícil uma empresa faltar com suas responsabilidades sociais e ambientais e passar despercebida entre seus diversos *stakeholders*" (Furtado et al., 2011:32), o que leva ao chamado ativismo ético-social nas empresas. Desta forma, acreditamos que os problemas de hoje não serão resolvidos com as soluções de ontem.

Para esta nova sociedade conectada, antenada e mais exigente de seus direitos, velhas fórmulas empresariais ou de *branding* não irão funcionar. Será necessário um novo contrato social que reduza a "insustentabilidade" e no qual empresas e sociedades caminhem juntas pela busca de valor compartilhado. Por isso, evoluiremos para o conceito de desenvolvimento sustentável. Afinal, "o valor de uma marca vem de sua habilidade em ganhar um significado exclusivo, destacado e positivo na mente dos clientes" (Kapferer, 1992:16).

Bem, agora que já iniciamos a conceituação de sustentabilidade, podemos apresentar como a sociedade tem se debruçado sobre esse tema. Desde a década de 1960, com a fundação do Greenpeace e do World Wide Fund for Nature (WWF), o tema sustentabilidade tem estado na agenda principal das discussões de governos, empresas e ONGs.

Entretanto o tema desenvolvimento sustentável ganhou força a partir de 1972, ano da publicação de um estudo intitulado *Os limites do crescimento*, elaborado por uma equipe de cientistas contratados pelo Clube de Roma, grupo de especialistas globais que discutem assuntos relacionados à política, à economia internacional e, sobretudo, ao meio ambiente. O estudo, que ficou conhecido como Relatório do Clube de Roma, elencou um conjunto de problemas relevantes para o futuro desenvolvimento da humanidade, tais como energia, poluição, saneamento, saúde, ambiente, tecnologia e crescimento populacional. Esse estudo foi publicado e vendeu mais de 30 milhões de cópias em vários idiomas, tornando-se o livro sobre meio ambiente mais vendido da história, até os dias de hoje. A partir desse esforço, surgiram alguns conceitos relevantes e que são complementares entre si na compreensão da sustentabilidade. São eles: o conceito de *triple bottom line*, desenvolvimento sustentável e o de responsabilidade social.

O primeiro termo, *triple bottom line*, foi cunhado na década de 1990 por John Elkington, economista e cofundador da organização não governamental internacional SustainAbility. Sua intenção foi a de criar um termo que representasse a expansão do modelo de negócios tradicional (*business as usual*) para um novo modelo que passasse a considerar o tripé da sustentabilidade – *people, planet, profit* –, e correspondesse aos resultados de uma organização medidos em termos sociais, ambientais e econômicos, além de levar em consideração o resultado final para todos os *stakeholders* e o respectivo impacto nos recursos naturais e na sociedade (figura 25).

Figura 25
Conceituação do *triple bottom line*

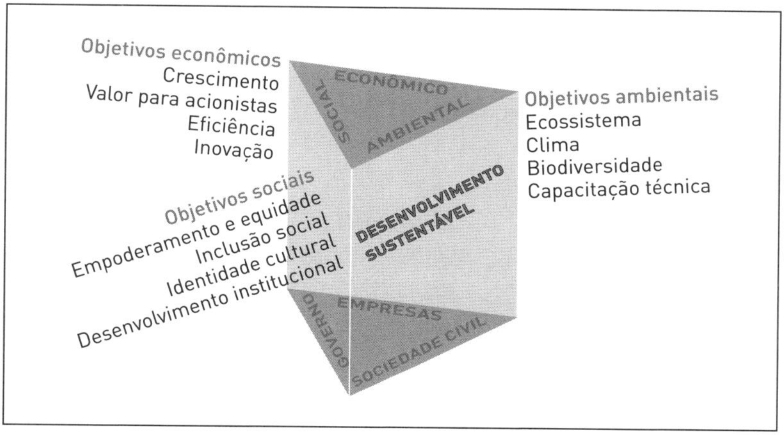
Objetivos econômicos
Crescimento
Valor para acionistas
Eficiência
Inovação
ECONÔMICO
SOCIAL
AMBIENTAL
Objetivos ambientais
Ecossistema
Clima
Biodiversidade
Capacitação técnica
Objetivos sociais
Empoderamento e equidade
Inclusão social
Identidade cultural
Desenvolvimento institucional
DESENVOLVIMENTO SUSTENTÁVEL
EMPRESAS
GOVERNO
SOCIEDADE CIVIL

O segundo termo, desenvolvimento sustentável, foi desenvolvido em 1987 pela ex-primeira-ministra da Noruega, Gro Harlem Brundtland, no documento intitulado "Nosso futuro comum" (Our common future), que busca um desenvolvimento econômico e social mais equitativo. Esse conceito indica que é "o desenvolvimento que procura satisfazer as necessidades da geração atual sem comprometer a capacidade das gerações futuras de satisfazerem suas próprias necessidades" (Comissão Mundial sobre Meio Ambiente e Desenvolvimento, 1991), o que significa possibilitar que as pessoas, agora e no futuro, atinjam um nível satisfatório de desenvolvimento e de realização humana, fazendo, ao mesmo tempo, um uso razoável dos recursos da Terra e preservando as espécies e os *habitats* naturais.

Esse relatório, elaborado pela Comissão Mundial sobre o Meio Ambiente e o Desenvolvimento (1991), faz parte de uma série de iniciativas, anteriores à Agenda 21, as quais reafirmavam uma visão crítica do modelo de desenvolvimento adotado pelos países industrializados e reproduzido pelas nações em desenvolvimento, e que ressaltam os riscos do uso excessivo dos recursos naturais sem considerar a capacidade de suporte dos ecossistemas. O relatório indicou ser incompatível o conceito de desenvolvimento sustentável e os padrões de produção e consumo vigentes.

Para ajudar nessa jornada, foram indicados alguns conceitos fundamentais. Eles são chamados de os "7R" fundamentais, apresentados no quadro 4.

Quadro 4
Os 7R fundamentais, conforme o documento Agenda 21

Conceito	Descrição
Respeitar	Respeitar o meio ambiente e as relações com os indivíduos.
Reduzir	Reduzir o consumo de material em geral.
Reusar	Ampliar no processo produtivo o reuso de materiais.
Reciclar	Promover a prática da reciclagem após esgotados os esforços do reuso.
Refletir	Refletir sobre sua operação e suas externalidades.
Responsabilidade	Atuar de forma responsável.
Recusar	Recusar o consumo de produtos que gerem impactos socioambientais significativos.

CONTEXTO DA SUSTENTABILIDADE

O terceiro e último termo é chamado de responsabilidade social. De acordo com Ashley (2016), ele irá conjugar, na sua conceituação, os dois conceitos anteriores: *triple bottom line* e o desenvolvimento sustentável. Esse conceito trata do compromisso contínuo nos negócios pelo comportamento ético que contribua para o desenvolvimento econômico, social e ambiental, pressupondo a realização de decisões empresariais que sejam resultado da reflexão sobre seus impactos sobre a qualidade de vida atual e futura de todos que sejam afetados pela operação da empresa (figura 26).

Figura 26
Conceituação de uma empresa responsável

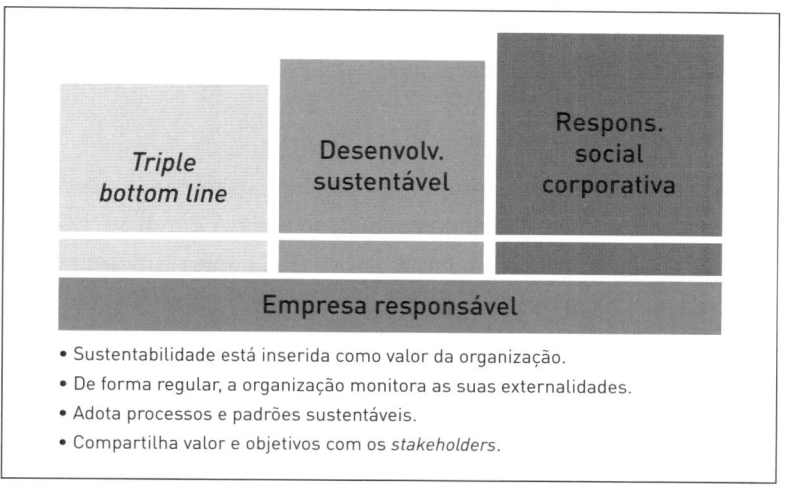

Triple bottom line	Desenvolv. sustentável	Respons. social corporativa
	Empresa responsável	

- Sustentabilidade está inserida como valor da organização.
- De forma regular, a organização monitora as suas externalidades.
- Adota processos e padrões sustentáveis.
- Compartilha valor e objetivos com os *stakeholders*.

De forma resumida, podemos dizer que para se considerar responsável, uma empresa deve:

- ter a sustentabilidade inserida como valor da organização;
- de forma regular, monitorar suas externalidades;
- adotar processos e padrões sustentáveis;
- compartilhar valor e objetivos com os *stakeholders*;

- ser responsável por toda a sua cadeia de valor (insumos, fornecedores, forma de produção e distribuição, e pós-consumo).

Assim,

o movimento pelo desenvolvimento sustentável parece ser um dos movimentos sociais mais importantes deste início de século e milênio. São incontáveis as iniciativas voluntárias relacionadas ao desenvolvimento sustentável por parte das empresas, bem como as elaborações de cartas de princípios e diretrizes de ação [Barbieri, 2010:147].

Da mesma forma, Berlato, Saussen e Gomez (2016:31) afirmam que,

na economia atual de competição acirrada, os produtos e serviços que fazem sucesso são rapidamente copiados. Além disso, há uma forte terceirização da produção no exterior, o que resulta em componentes e técnicas iguais para todos os concorrentes. Os consumidores, que estão cada vez mais informados, começam a considerar os produtos e serviços como *commodities*, aumentando a necessidade das empresas de se diferenciarem. Dessa forma, o *branding* é uma importante ferramenta de gestão de uma marca, que busca gerar valor agregado, tendo, como objetivo principal, a criação e a potencialização das percepções acerca dessa marca, fundamentadas principalmente na cultura, na visão e nos valores da empresa.

Ainda segundo os autores,

uma marca deve ter um propósito autêntico e único. O propósito é o modo pelo qual a empresa pretende contribuir com a humanidade, a razão de sua existência. Uma marca com propósito significativo tem uma proposta de valor, uma verdadeira diferenciação e, dessa forma, consegue envolver o consumidor em um sentimento de significado maior e de valores partilhados [Berlato, Saussen e Gomez, 216:32].

Sendo assim, agora podemos retomar. Por que fizemos, no início deste capítulo, nossa pausa sobre *branding* e passamos a falar de sustentabilidade? As empresas que integram a sustentabilidade à sua estratégia em *branding* de forma eficaz e genuína, sem falsas propagandas, conseguem vantagens competitivas significativas, como melhora da imagem de marca, melhor reputação, incremento do seu valor de mercado por ser menos exposta ao risco e, em muitos casos, a fidelização de seus clientes e a conquista de novos públicos.

Para finalizar esta seção, relembramos que, segundo Gonzalez (s.d.), a sustentabilidade oferece a melhor chance para o país crescer e construir as bases para um desenvolvimento consistente e para o desenvolvimento de uma nova ética social, em que empresas, governos e sociedade caminhem mais próximos e alinhados, deixando o foco do curto prazo e pensando na nossa perenidade de longo prazo. Agora, que este conceito já foi esclarecido, vamos apresentar as práticas de *greenwashing* e, depois, o conceito de marcas sustentáveis.

O bem e o mal da sustentabilidade juntos na prática do *branding*

Agora que analisamos o conceito de desenvolvimento empresarial e vimos que esse conceito pode trazer benefícios de longo prazo, vantagem competitiva e, acima de tudo, reputação para as empresas, precisamos entender as práticas de sustentabilidade consideradas corretas e as práticas consideradas incorretas, e como elas são implementadas na construção de uma marca. Como sociedade global, estamos em fase de transição para uma nova era, uma nova ética social, e por isso ainda é comum ver empresas trilhando o caminho certo e o caminho errado. Às vezes, por puro desconhecimento do caminho certo a trilhar; às vezes por má gestão das suas práticas de comunicação e *marketing* e foco em ganhar destaque no curto prazo em detrimento da construção de longo prazo.

Vamos começar pela prática correta, o diferencial que as empresas de bem procuram conseguir para sua marca: o propósito empresarial. Segundo Mackey (2013), acreditar que uma empresa existe somente para lucrar é como afirmar que todo o objetivo do ser humano se limita a comer. As pessoas se alimentam para sobreviver e, então, perseguir seus verdadeiros objetivos. O mesmo vale para as empresas: lucrar é preciso, sim, e primordial, mas a empresa responsável e dona de um propósito gera lucro para viver – não vive para gerar lucro. Estas, segundo o autor, são as bases do capitalismo consciente: a integração com os *stakeholders*, liderança consciente, cultura e gestão consciente e, no centro da estratégia, o propósito maior e valores centrais. Ou usando outras palavras, o propósito de uma organização gera o engajamento, o que acaba criando um vínculo sustentável da marca com seus diversos *stakeholders*, produzindo verdadeiras redes de valor e colaboração.

Segundo Carvalhal (2016), grande parte dos objetivos de *branding* das empresas hoje está resumida a uma expressão: o propósito, que tem relação com a intenção, com o objetivo. É a declaração da diferença que você, que sua marca pretende fazer no mundo. Em complementação a esse conceito, Mackey (2013) afirma que o propósito de qualquer organização fornece energia e relevância para a empresa e sua marca, e que cada negócio tem de se empenhar para descobrir o seu – ele está incorporado no DNA coletivo da companhia, a fim de cumpri-lo de maneira consciente.

Com isso, leitor, percebemos a força do propósito. No contexto atual, se uma empresa se posiciona de forma genuína, demonstrando suas crenças e atitudes, gera um vínculo maior de confiança dos seus diferentes públicos de relacionamento. Acaba constituindo uma habilidade relacional maior que as demais. Mais do que um simples cartaz indicando a missão e a visão da empresa, o propósito servirá para unir os públicos em prol de um objetivo, gerando oportunidades de criação de uma conexão emocional, duradoura, sincera e difícil de ser copiada pelos competidores.

Para exemplificar, ilustraremos com duas empresas que, a partir do seu propósito, têm conseguido gerar uma boa diferenciação da marca. A primeira, a empresa americana Patagonia, apontada como uma das empresas mais inovadoras do mundo. A partir do seu propósito, a marca faz enorme sucesso, sugerindo que seus consumidores comprem pouco, incluindo seus próprios produtos, pois, conforme já vimos, o consumo excessivo faz mal ao planeta. E, segundo a Patagonia, se faz mal ao planeta, é ruim para a empresa também e para sua perenidade. Com esse propósito revolucionário, a empresa se tornou o símbolo do "capitalismo consciente", conceito que abordamos no capítulo anterior e que está baseado na ideia de que a contribuição das empresas para a sociedade deve ir além do lucro. Veja exemplos de peças de comunicação da Patagonia na figura 27.

Outro exemplo, esse mais próximo da nossa realidade, é da loja de roupas masculina Reserva. Ela tem usado seu propósito no sentido de gerar oportunidades de doação de pratos de comida a partir da compra dos seus produtos (figura 28).

Figura 27
Exemplos de peças publicitárias da Patagonia

Figura 28
Exemplo de peça publicitária da Reserva

Um exemplo similar ao da Reserva é dado pela loja Euzaria, de Salvador (BA), que se intitula "T-shirts com alma" (figura 29). Cada peça vendida pela loja é revertida em uma contribuição para um dia de aula de jovens carentes da cidade de Salvador.

Figura 29
Exemplo de peça publicitária da marca Euzaria

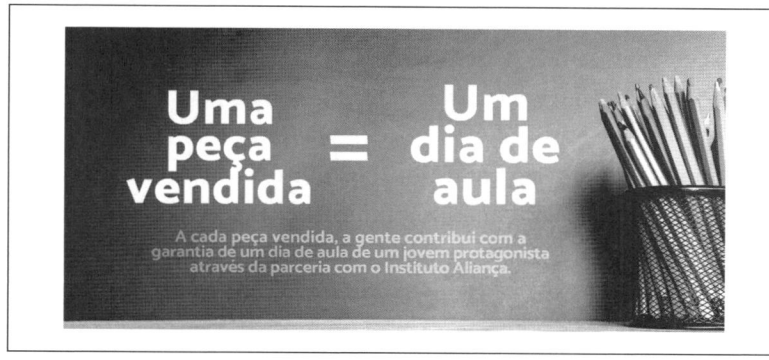

Ambos os casos reforçam o conceito do propósito empresarial gerando a oportunidade de criação de vínculos emocionais com seus *stakeholders*. Nesse novo contexto, não adianta somente ser uma marca com maior poder de fogo de comunicação. Cada vez mais, os consumidores querem se abrigar sob marcas com caráter, que declarem seu espírito, seu *ethos* e que não sejam simplesmente mais uma marca na multidão de promessas vazias. Cabe aqui lembrar o que falamos antes sobre uma empresa responsável: ela precisa gerenciar toda a sua cadeia de valor (insumos, fornecedores, forma de produção e distribuição e pós-consumo), monitorando os possíveis impactos criados pelo processo produtivo.

Porém, às vezes, por má gestão de suas práticas de comunicação e marketing, as empresas, na pressa de apresentar-se da mesma forma que empresas que têm a sustentabilidade como um valor corporativo, acabam cometendo a prática incorreta do *greenwashing*. Mas o que será que tem de tão nocivo esse termo?

Em linhas gerais, *greenwashing* – termo surgido a partir do inglês *whitewash*, que é uma tinta branca de má qualidade utilizada para a pintura exterior de casas apenas para disfarçar imperfeições, com o inglês *green* (verde), que representa o meio ambiente –, em uma tradução literal para o português, significa lavagem verde. É um termo que indica a inadequada apropriação de práticas e condutas ambientalistas por parte de organizações, empresas, governos ou pessoas mediante o uso de técnicas de *marketing*. O *greenwashing* é a apropriação indevida (propaganda enganosa) do valor ambiental por empresas, indústrias ou governos com a finalidade de criar uma imagem positiva, vender um produto/política ou tentar recuperar uma posição diante do público, tentando passar a ideia de que são ecoeficientes, ambientalmente corretos, ou seus produtos são derivados de processos sustentáveis, entre outros fatores. Assim, expressões como "eco", "ecológico", "menos poluente" e "sustentável" começam a aparecer nas embalagens e rótulos de diversos produtos na tentativa de indicar que as empresas são ambientalmente responsáveis. Essa prática, além de condenável, gera assimetria de informação ao consumidor, tornando-o mais cético quanto às mensagens sobre sustentabilidade que recebe; prejudicam a empresa e o mercado como um todo. Na Europa, palavras como durável e ecológico não podem ser utilizadas sem sentido ou prova da metodologia empregada, sob pena de crime de falsidade ideológica.

De acordo com a organização Ecycle, antes de planejar qualquer ação de comunicação e marketing, seja para sua empresa ou para um cliente, verifique se a organização está apresentando uma solução pontual para determinada questão ambiental, por exemplo, um produto cosmético que se diz natural, "ecológico" e preocupado com a preservação da natureza, mas que vem em uma embalagem plástica comum (observe alguns exemplos de como o *greenwashing* é utilizado como técnica persuasiva para o discurso das marcas na figura 30). Lembre-se de que, quando falamos de qualidade de vida e de preservação ambiental, um processo depende do outro, e nada está separado; portanto, o produto, por ser natural, não está livre de nos impactar negativamente com sua embalagem plástica ocupando espaço por centenas de anos até ser degradado. Verifique se a organização fornece algum meio de comunicação para localizar as evidências do marketing verde. Se não apresentar, esse é um ponto importante para perceber o *greenwashing*.

Figura 30
Exemplos de peças de comunicação que utilizam o *greenwashing* como técnica persuasiva

Bem, agora que apresentamos a diferença entre o propósito e o *greenwashing*, podemos seguir para o próximo tópico, no qual reforçaremos a habilidade relacional das organizações e abordaremos a questão dos *stakeholders* da empresa.

O conceito de *stakeholders*

Agora, que já conseguimos unir os conceitos de *branding*, reputação e sustentabilidade, é possível compreender que as organizações contemporâneas, dotadas de propósito e, especialmente, da visão do seu papel dentro da sociedade, trabalham em processo extremo de colaboração com todos os seus públicos de relacionamento, atuando como um organismo vivo, experienciando um dinâmico conjunto de relações. Somadas a isso, as mudanças no contexto social (mídias sociais, globalização e ativismo) fazem com que as empresas se relacionem com perfis demográficos, religiões, raças, costumes, tradições e expectativas diferentes. O que funcionou no Brasil não necessariamente funcionará na Dinamarca ou na Venezuela, por exemplo. E o que funcionou no relacionamento com um *stakeholder* no Rio de Janeiro tampouco irá funcionar também em Goiânia. Sempre será necessário entender o contexto social, cultural, político e tecnológico de cada local, fazendo um mapa de *stakeholders*.

Mas o que são *stakeholders*? São chamados de *stakeholders* as partes interessadas, públicos de interesse ou públicos estratégicos (indivíduos ou grupos) que afetam, são ou poderiam ser afetados pela atividade de uma organização, seus produto, serviços e processo produtivo.

De acordo com Rocha e Goldschmidt (2011) o termo *stakeholder* tem origem no termo *stockholder* (acionista) e amplia o foco da organização, que antes era satisfazer o acionista e passa a ser satisfazer seus públicos de interesse estratégicos, como clientes, funcionários, imprensa, parceiros, fornecedores, concorrentes, sindicatos e a comunidade local.

Voltando ao conceito do organismo vivo, é fácil compreender que existe um alto nível de interdependência entre a organização e os *stakeholders*, cujos relacionamentos formam um sistema complexo de relações entre grupos com diferentes direitos, objetivos, expectativas e responsabilidades, e que a sobrevivência e continuidade da organização estão estreitamente ligadas à habilidade dos gestores de criar boas relações com eles.

O conceito de mapa de *stakeholders* pode ser bastante útil no aprendizado da gestão da marca e da reputação corporativa, pois facilita o entendimento do ecossistema de *stakeholders*, os pontos de contato da marca e, por extensão, o mapa de riscos associados à reputação (figuras 31 e 32).

CONTEXTO DA SUSTENTABILIDADE

Figura 31
Desenho conceitual – conceitual – matriz
(ecossistema de *stakeholders*)

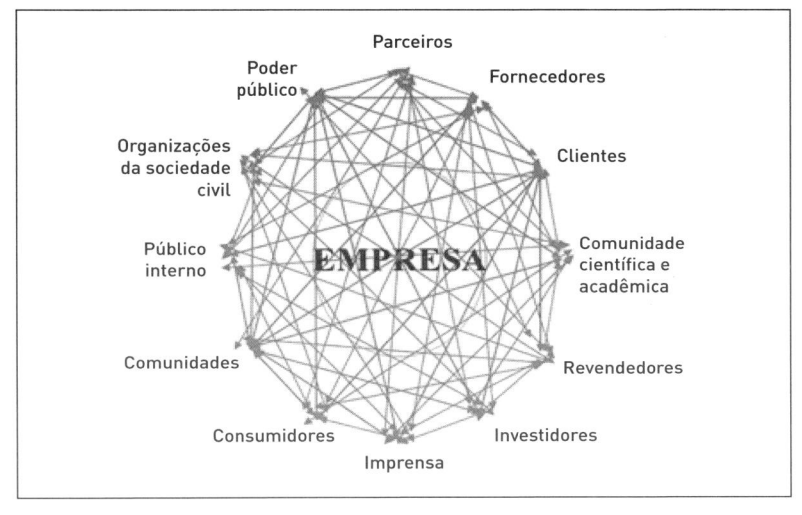

Figura 32
Desenho conceitual – pontos de contato da marca

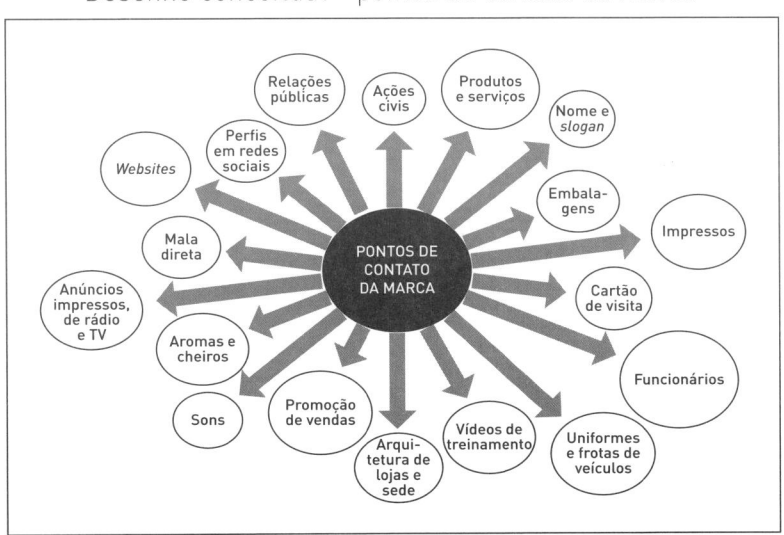

Geralmente quando conversamos sobre *stakeholders*, três perguntas costumam vir à tona:

- Quais e quantos são os *stakeholders* da minha organização?
- Quais são os *stakeholders* mais relevantes da minha organização?
- Qual deve ser a nossa estratégia de comunicação com os *stakeholders* mais relevantes?

Para responder às três perguntas e aprofundar o conhecimento, usaremos os princípios do Padrão de Engajamento de *Stakeholders* (Stakeholder Engagement Standard), também chamado de Normativo AA1000SES, criado pela organização não governamental AccountAbility (2015).

Dessa forma, para a preparação da resposta à primeira pergunta, *"Quais e quantos são os* stakeholders *da minha organização?"*, teremos de construir um mapa de todos os *stakeholders* da nossa organização. Para tanto, usaremos a matriz de públicos primários, reguladores e secundários (matriz P, R e S) como forma de facilitar essa análise.

Stakeholders primários – participação continuada e de fundamental importância para a continuidade da empresa. Para manter-se sustentável ao longo do tempo, a empresa deve garantir a permanência de seus *stakeholders* primários, satisfazendo as necessidades dos mesmos por meio da habilidade de criar e distribuir riqueza e valores suficientes. Geralmente, essa participação continuada é celebrada por meio de contratos, sejam de trabalho, de fornecimento ou de sociedade. Exemplos: empregados, fornecedores, acionistas, franqueados e clientes.

Stakeholders reguladores – como o próprio nome diz, estabelecem a regulação, as características do mercado e a infraestrutura necessária. Exemplo: governos federal, estadual e municipal, Ministério do Trabalho, Secretaria de Fazenda, prefeituras e comunidades,

Defesa Civil, Guarda Municipal, Corpo de Bombeiro, polícias Civil e Militar, empresa de limpeza urbana, Procon, Anvisa, Aneel, Anatel, Antaq, Vigilância Sanitária, Inmetro, Denatran, Crea, Ibama e Ecad.

Stakeholders secundários – são aqueles que influenciam ou afetam a organização e também são influenciados por ela, mas não estão diretamente engajados em transações com a empresa, não sendo essenciais para sua sobrevivência, mas podem causar danos relevantes a ela, pois, por exemplo, têm a capacidade de mobilizar a opinião pública. Exemplos: competidores, organizações não governamentais (ONGs), parceiros, academia, imprensa e público em geral (sociedade).

Ao final desta análise, fica bastante claro o tamanho do ecossistema de *stakeholders* da organização. Várias empresas colocam seu mapa de *stakeholders* no relatório de sustentabilidade. Veja na figura 33 como as Lojas Renner consideram seu mapa de *stakeholders*.

Figura 33
Exemplo de matriz de *stakeholders* – Lojas Renner

PÚBLICO	Formas de engajamento	Critérios de seleção para o Painel de Sustentabilidade
Acionistas, investidores e analistas de mercado	Relatório da Administração, relatório anual, informações financeiras trimestrais, reuniões com acionistas, call de resultados, Renner Day, Portal de Relacionamento com Investidores e Fale com o RI (por meio do site da Lojas Renner), Carbon Disclosure Project (CDP) e índices de bolsas de valores	Acionistas selecionados levando em consideração a frequência de relacionamento com a área de RI e participação nas reuniões.
Clientes	Encantômetro, site da Renner, Central de Atendimento (por meio do site da Renner), revista Renner, redes sociais, aplicativo *mobile*, Clube de Vantagens Renner, patrocínios em eventos de moda e culturais, pesquisa de satisfação e grupos focais, Projeto EcoEstilo e Campanha Mais Eu	Mulheres de 18 a 39 anos nas faixas de consumo médio/alto, estilosas, *super heavy users* (SHU) e *heavy users* (HU) do Cartão Renner e Meu Cartão
Colaboradores	Código de Ética e Conduta, Programa Boas-Vindas, Magia Renner, Programa de Trainees, Grupo de Alta Performance, Academia Renner, Universidade Renner, Programa de Liderança, Convenção de Líderes, canais de comunicação interna (Canal Renner, Planeta Renner, Planeta Informa, Vitrine, Líder@Renner, Café com a Diretoria, Reunião de Ponto de Partida, Palavra do Presidente), campanhas internas, campanhas de incentivo, Programa Histórias de Encantamento, Comissão Interna de Prevenção de Acidentes (Cipa), Semana Interna de Prevenção de Acidentes do Trabalho (SIPAT), Programa 5S, PortalRH, Fale Conosco (por meio do Portal RH), Diretrizes de Relacionamento, Pesquisa de Engajamento, Avaliação 360º, Avaliação Gerencial, benefícios e participação nos resultados	Colaboradores de todas as áreas do negócio – adesão voluntária.

Já a AES Brasil, grupo de empresas do setor de energia elétrica atuante, principalmente, nos estados de São Paulo e Rio Grande do Sul, apresenta seu mapa de *stakeholders* de forma diferente, conforme observamos na figura 34.

Figura 34
Exemplo de matriz de *stakeholders* – AES Brasil

AES Brasil — Públicos de relacionamento

- Órgãos regulatórios
- Imprensa
- Agentes do setor elétrico
- Sociedade civil organizada
- Comunidade
- Colaboradores
- Acionistas e financiadores
- Fornecedores
- Clientes
- Poder público

- Influenciam
- Sustentam
- Dependem e/ou sustentam
- Regulam e/ou fiscalizam

E, como último exemplo de mapa de *stakeholders*, vemos outro tipo de apresentação visual dos públicos de interesse do Grupo CCR, responsável por diversas empresas de infraestrutura e operação de diferentes modais da cadeia de transportes de cargas e passageiros no Brasil, conforme consta na figura 35.

Na sequência, a segunda pergunta a partir da análise feita do mapa de *stakeholders* é: "*Quais são os stakeholders mais relevantes da minha organização?*". Por que essa pergunta é relevante? Por uma questão simples: uma organização pode ter um número elevado de *stakeholders*, dificultando seu entendimento e priorização de esforços

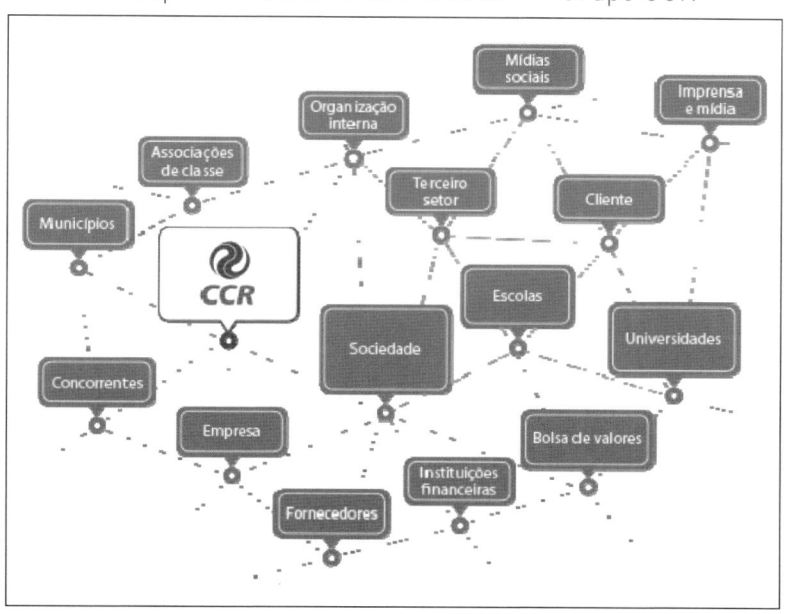

Figura 35
Exemplo de matriz de *stakeholders* – Grupo CCR

de comunicação e relacionamento. Por exemplo, uma empresa de grande porte pode chegar a ter entre 40 a 60 *stakeholders*, de acordo com seu portfólio de produtos e serviços. Logo, para uma correta priorização, devemos previamente utilizar uma metodologia para deixar claro para toda a organização a priorização feita.

Para essa tarefa devemos usar o critério estabelecido por Preston e colaboradores (1995), que prevê a utilização de uma matriz (tabela) com os vetores: poder, legitimidade e urgência. Vejamos como cada um pode ser definido:

- *vetor poder* – o poder do *stakeholder* de influenciar a organização nas suas ações e decisões. Seu poder nas conversas e negociações com a organização;

- *vetor legitimidade* – a legitimidade do relacionamento do *stakeholder* com a organização. O *stakeholder* representa uma causa e não a defesa de um interesse econômico;
- *vetor urgência* – a urgência que a organização tem de ter para atender às reivindicações do *stakeholder* (pressão, contexto ou situação que exige uma resposta ou uma ação imediata).

Recomendamos que utilize o modelo presente na figura 36 para preencher o mapa de *stakeholders* de sua organização e iniciar uma análise sobre o assunto, sempre que aplicável.

Figura 36
Exemplo de matriz de *stakeholders* em branco

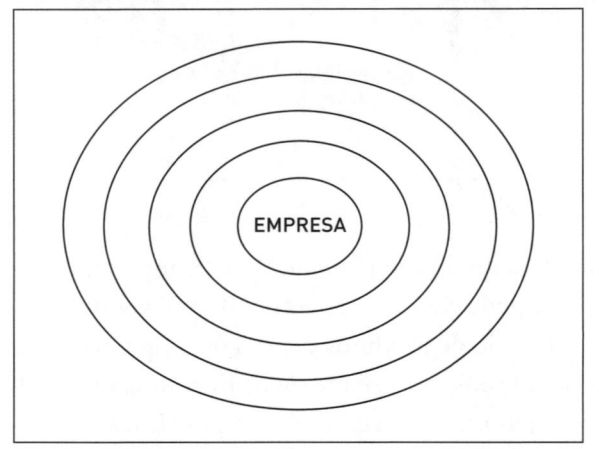

Com a aplicação tanto da matriz de *stakeholders* quanto da priorização de públicos, torna-se possível à organização entender melhor sua teia de relacionamento e sua habilidade relacional, o que é vital para uma organização que pretende ser contemporânea e sustentável. Na próxima seção, responderemos à terceira questão: "*Qual deve ser a nossa estratégia de comunicação com os* stakeholders *mais relevantes?*".

Metodologias para comunicação e relacionamento com os *stakeholders*

Vimos que uma organização pode ter um número considerável de públicos e que, por conta da limitação de tempo, pessoas e recursos, torna-se necessária a priorização dos mesmos. De acordo com Rocha e Goldschmidt (2011), entender todo esse processo permite à empresa uma visão baseada na gestão superior dos seus *stakeholders*. Ainda segundo os autores, o engajamento adequado de *stakeholders* pode trazer vários benefícios para a empresa, entre eles:

- a identificação das demandas de públicos importantes;
- a antecipação e o gerenciamento de conflitos;
- a melhoria na compreensão de impactos, riscos e oportunidades, levando em consideração opiniões de pessoas externas à empresa;
- a construção de consensos a partir de diferentes pontos de vista;
- a obtenção de informações que ajudam a melhorar processos internos e de tomada de decisão;
- a construção de laços de confiança entre o público engajado e a empresa.

Agora, avançaremos e responderemos à terceira e última pergunta: "*Qual deve ser a nossa estratégia de comunicação com os* stakeholders *mais relevantes?*".

A norma AA1000SES da organização AccountAbility (2015) estrutura o engajamento com *stakeholders* em diferentes níveis. Indicamos, no quadro 5, os seis principais diferentes estágios para os esforços de comunicação e relacionamento com os *stakeholders*.

Quadro 5
Os seis principais estágios de comunicação e relacionamento com os *stakeholders* segundo a norma AA1000SES

Níveis de engajamento					
Informação	Consulta	Negociação	Envolvimento	Colaboração	*Empowerment*

Fonte: AccountAbility (2015).

O processo de comunicação exigirá da empresa algumas habilidades, conforme já observado anteriormente:

- identificação dos *stakeholders*;
- determinação dos temas relevantes;
- determinação dos objetivos do engajamento;
- definição do plano de engajamento.

Agora, iremos aprofundar nosso conhecimento em cada um dos seis principais estágios apresentados pela norma AA1000SES.

Primeiro estágio: informação – a comunicação é de via única (organização → *stakeholders*) e tem como objetivo informar os *stakeholders* sobre a organização e suas iniciativas. Exemplos de ações empregadas nesse estágio: e-mail marketing, SMS, materiais impressos, relatórios, eventos, *sites*, anúncios etc.

Segundo estágio: consulta – esse nível de engajamento se caracteriza por um processo de comunicação de duas vias (organização ↔ *stakeholders*) limitado e controlado pela organização. Exemplos de ações empregadas nesse estágio: pesquisas, grupos focais, fóruns de discussão, ferramentas de *feedback online* etc.

Terceiro estágio: negociação – o relacionamento com *stakeholders* torna-se mais intenso e espontâneo – configura-se um diálogo.

Apesar de coordenadas pela organização, as interações ficam menos limitadas e começam a considerar as relações entre os *stakeholders*. Exemplos de ações empregadas nesse estágio: diálogos com *stakeholders* por meio de associações/entidades representativas.

Quarto estágio: envolvimento – comunicação de múltiplas vias, gerando aprendizado para todas as partes, envolvendo s*takeholders* diversos e possibilitando um entendimento mais aprofundado das preocupações comuns a mais de um público. Exemplos de ações empregadas nesse estágio: fóruns multi *stakeholder*, painéis de diálogo, processos de construção de consenso.

Nesse estágio, são comuns os painéis de trabalho (de diálogo), que são reuniões realizadas com representantes de *stakeholders*, convidados pela empresa para examinar algum ou alguns aspectos de suas políticas, processos, ações ou performance e contribuir, de forma propositiva, com sugestões e recomendações que serão por ela consideradas e, eventualmente incorporadas, em seus processos de tomada de decisão.

Quinto estágio: colaboração – é estabelecida uma rede de relacionamento com os *stakeholders* para desenvolver soluções e planos de ação de maneira conjunta, contando com a colaboração explícita desses públicos na tomada de decisão. Exemplos de ações empregadas nesse estágio: projetos conjuntos, parcerias formais, iniciativas multi *stakeholders* etc.

Sexto estágio: empoderamento (empowerment) – a integração com os *stakeholders* atinge seu grau máximo. Nesse nível, um (ou mais) *stakeholder* passa a ter papel formal nos processos de governança da organização, tendo poder de decisão sobre um determinado tema. Exemplos de ações empregadas nesse estágio: integração de *stakeholders* na estrutura de governança, estratégia e operações da empresa.

Todo esse trabalho permitirá à empresa definir seus objetivos com cada *stakeholder*, definir ações e métricas e alocar recursos para conseguir esse fim. Também é possível construir a escala de relacionamento com os públicos como forma de visualizar a estratégia desenvolvida, conforme o exemplo de uma empresa hipotética, apresentado na figura 37.

Figura 37
Exemplo de uma escala de relacionamento com *stakeholders* de uma empresa hipotética

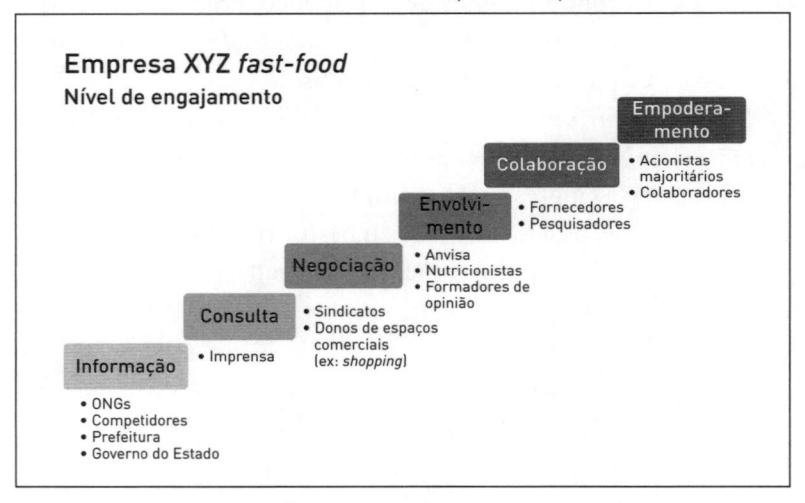

Empresa XYZ *fast-food*
Nível de engajamento

- Empoderamento
  - Acionistas majoritários
  - Colaboradores
- Colaboração
- Envolvimento
  - Fornecedores
  - Pesquisadores
- Negociação
  - Anvisa
  - Nutricionistas
  - Formadores de opinião
- Consulta
  - Sindicatos
  - Donos de espaços comerciais (ex: *shopping*)
- Informação
  - Imprensa
- ONGs
- Competidores
- Prefeitura
- Governo do Estado

Seguindo o processo descrito anteriormente, a organização ampliará sua competência relacional, que no contexto atual é tão ou mais importante que a competência técnica, visto que é difícil de ser copiada e gera vantagem competitiva. Conforme apresentado por Argenti (2006), esse esforço ajudará a construir uma estratégia de comunicação empresarial eficiente, pois ajudará a determinar os objetivos da comunicação, os recursos que estão disponíveis para alcançar tais objetivos e a diagnosticar a reputação da organização.

Percebemos, ao término deste capítulo, que a sustentabilidade é tema cada vez mais importante dentro da gestão empresarial e, por conseguinte, na gestão de marcas, com o objetivo de construir uma reputação corporativa positiva. A partir do conceito de *stakeholder*, verificamos a aplicação de uma metodologia de identificação, priorização e definição de engajamento como força motriz das estratégias de comunicação que a empresa deverá adotar perante seus principais *stakeholders*. No próximo capítulo, vamos nos debruçar sobre o conceito do marketing 3.0 e entender sua relação com o *branding*, para discutirmos como as empresas podem adotar uma postura sustentável como geradora de valor compartilhado.

3
Marketing 3.0

Agora, que já conhecemos os principais elementos da gestão de marcas (*branding*) vistos no primeiro capítulo e compreendemos como a sustentabilidade pode ajudar empresas a trabalharem diferentes níveis de engajamento com seus principais *stakeholders*, vamos começar a unir esses dois pilares do livro. Neste terceiro capítulo, iremos aprofundar o conceito do marketing 3.0 e a noção de geração de valor compartilhado dentro do *branding*, para conhecermos mais sobre relatórios de sustentabilidade e seus principais indicadores.

As áreas de interface do marketing com questões de responsabilidade socioambiental

Segundo Kotler (2010), o marketing sofreu evoluções ao longo dos anos, passando por três fases chamadas de marketing 1.0, 2.0 e 3.0. Embora cada fase represente uma evolução da anterior, o autor reforça que uma não suplantou completamente a outra. Ou seja, até hoje empresas praticam o marketing 1.0 ou o 2.0, embora aquelas que já possuem o entendimento do marketing 3.0 possam conseguir atuar melhor em um mundo marcado pelas constantes mudanças no comportamento e nas atitudes do consumidor: cada vez mais colaborativos, culturais e espirituais.

Como resultado dessa crescente tendência da sociedade, os consumidores estão não apenas buscando produtos e serviços que satisfaçam suas necessidades, mas também buscando experiências e modelos de negócios que toquem seu lado espiritual. Proporcionar significado é a futura proposição de valor do marketing [Kotler, 2010:21].

Porém, para chegar a esse entendimento e avançarmos na aplicação do marketing 3.0, vamos descrever primeiro as principais características de cada uma das três fases, apresentadas no quadro 6.

Quadro 6
Comparação entre Marketing 1.0, 2.0 e 3.0

	Marketing 1.0 Centrado no produto	Marketing 2.0 Voltado para o consumidor	Marketing 3.0 Voltado para os valores
Objetivo	Vender produtos	Satisfazer e reter consumidores	Fazer do mundo um lugar melhor
Forças	Revolução Industrial	Tecnologia da informação	Nova onda de tecnologia
Mercado	Compradores de massa, com necessidades físicas	Consumidor inteligente, dotado de coração e mente	Ser humano pleno, com coração, mente e espírito
Conceito-chave	Desenvolvimento de produto	Diferenciação	Valores
Função da área de marketing	Especificação do produto	Posicionamento do produto e da empresa	Missão, visão e valores da empresa
Proposição de valor	Funcional	Funcional e emocional	Funcional, emocional e espiritual
Interação com consumidores	Transação do tipo um para um	Relacionamento um para um	Colaboração um para muitos

Fonte: Kotler (2010:6).

O marketing 1.0 é uma expressão da chamada Era Industrial, típica da primeira metade do século XIX, caracterizada pela produção em massa e na qual a principal preocupação dos profissionais de marketing era vender a maior quantidade possível para o maior público possível. A interação com consumidores se dava em uma relação de transações "um para um", na qual a padronização e o ganho de escala reduziam os custos de produção e os produtos/serviços atendiam às necessidades físicas dos consumidores, bem ao estilo de Henry Ford: "O carro pode ser de qualquer cor, desde que seja preto" (Kotler, 2010:4).

O marketing 2.0 surge a partir da informatização das empresas, na chamada era da informação, que se inicia na década de 1970 nos Estados Unidos, onde diferentes preferências de consumidores geram segmentações de ofertas. No Brasil, essa informatização acontece mais tardiamente, a partir da década de 1990 – embora alguns segmentos de mercado tenham iniciado antes a informatização de seus processos (como o setor bancário, por exemplo). Os sistemas de relacionamento com consumidores (CRM) ajudam as empresas a entender melhor com quem estão transacionando e a colocar produtos de melhor qualidade no mercado, mediante as demandas identificadas. Os profissionais tentam chegar ao coração e à mente dos consumidores, criando preferências e relacionamentos "um para um".

O marketing 3.0 aparece a partir das tecnologias digitais e das mídias sociais, em um mundo globalizado, onde as pessoas começam a ser vistas não apenas como consumidores, mas como seres humanos plenos: com coração, mente e espírito. Vivendo em um contexto de constante mudança, esses seres humanos querem não somente a satisfação funcional e emocional, mas a satisfação espiritual também, nos próprios serviços e produtos que escolhem comprar e utilizar. Assim, o conceito do marketing 3.0 chama os relacionamentos entre empresas e pessoas para a colaboração ("um para muitos") e para fortalecer a esperança de fazer do mundo um lugar melhor para a geração atual e para as gerações futuras.

É justamente por meio dessa postura de fazer o mundo um lugar melhor para as próximas gerações que podemos concatenar o conceito de desenvolvimento sustentável (e a responsabilidade socioambiental das empresas) com o marketing 3.0. O marketing

1.0 e o 2.0 ainda terão relevância, pois "as empresas continuarão a desenvolver segmentação, escolher segmento-alvo, definir o posicionamento, oferecer os 4Ps e construir a marca em torno do produto" (Kotler, 2010:34). Mas as mudanças no ambiente de negócios, o empoderamento dos consumidores, as novas tecnologias digitais e a preocupação com o meio ambiente serão determinantes na forma pela qual as empresas deverão encarar seu papel diante da sociedade. Esse movimento do marketing 3.0 é caracterizado também pela horizontalidade dos relacionamentos, pois os consumidores acreditam muito mais uns nos outros do que nas empresas. Isso significa que os gestores de marketing e de marca deverão, cada vez mais, encarar diversos tipos de *stakeholders* diferentes como prioritários para seus negócios, justamente o que discutimos no capítulo 2 deste livro. É hora de colocar um ponto final na dicotomia entre profissional de marketing e consumidor:

> Os profissionais de marketing responsáveis por qualquer produto ou serviço devem perceber que também são consumidores de outros produtos e serviços. Os consumidores também podem estar cientes de que devem fazer uso do marketing no dia a dia para convencer seus companheiros consumidores. Todos nós somos tanto profissionais de marketing quanto consumidores [Kotler, 2010:36].

Aqui cabe ressaltar que o livro *Marketing 4.0* (Kotler, 2017) aborda a questão da interação *online* e *offline* das estratégias de marketing (conforme mencionado no primeiro capítulo deste livro), mas não traz nenhuma nova contribuição ao conceito de empresa responsável e tampouco torna obsoleto o conceito do marketing 3.0.

Dessa forma, o marketing 3.0 se mantém válido por representar cada vez mais, num contexto de conectividade de empresas e consumidores, a "cocriação" para a gestão de produtos, a "comunização" para a gestão do cliente e o "desenvolvimento da personalidade" para a gestão de marcas. Vamos explorar cada um desses conceitos nas seções subsequentes deste capítulo.

O marketing 3.0 e a comunicação de marcas sustentáveis

Podemos sintetizar esta seção do livro numa frase comumente atribuída ao escritor e filósofo estadunidense do século XIX, Ralph Waldo Emerson: "Suas atitudes falam tão alto que eu não consigo ouvir o que você diz" (O'Toole, 2011).

Na visão do marketing 3.0, a gestão da marca deixa de se preocupar com a construção da imagem e passa a cuidar do "desenvolvimento da personalidade". Segundo Kotler (2010), as marcas precisam desenvolver o núcleo de sua verdadeira diferenciação, seu DNA autêntico, que levará a uma postura de atuação no mercado verdadeira para os consumidores: a essência do que o produto, serviço ou empresa representado por uma marca deve ser. Afinal, perder credibilidade em um mundo horizontalizado – onde consumidores fazem marketing para outros consumidores – significa deixar de fazer parte de uma relação colaborativa baseada no "um para muitos".

Autenticidade é a palavra-chave para as marcas desempenharem nesse contexto do marketing 3.0, pois marcas percebidas como artificiais ou falsas perderão espaço cada vez mais rapidamente em um mundo no qual a informação circula de forma assimétrica: ela vem de fontes diversas, em formatos diversos, são geradas por pessoas diversas, e não apenas pelo discurso oficial da empresa.

Como exemplo de empresa que preza a autenticidade em sua postura e DNA, classificada como uma marca sustentável, temos a rede de supermercados Whole Foods Market, dos Estados Unidos. Especializada em produtos orgânicos e alimentação saudável, a Whole Foods concentra esforços na qualidade dos produtos que oferece e no relacionamento verdadeiro com seus consumidores.

Além disso, aplica, verdadeiramente, o conceito do *triple bottom line* ao trabalhar pessoas (consumidores e equipe interna), meio ambiente (com padrões de compra e iniciativas de etiquetagem) e retorno financeiro (lucro com crescimento e investimentos em inovação).

Figura 38
Exemplo de etiquetagem dos produtos de limpeza vendidos no Whole Foods Market (2015)

Fontes: <www.thewholefamilyonabudget.com/wp-content/uploads/2015/04/Eco-Scale.jpg>; <www.wholefoodsmarket.com/sites/default/files/media/home-infographic.jpg>.

Na figura 38, vemos como a Whole Foods Market classifica os produtos de limpeza que vende no supermercado, a partir de uma escala própria de avaliação dos impactos ambientais de cada categoria de produtos.

A sustentabilidade nessa empresa não é feita a partir de ações isoladas, mas é o seu propósito principal, parte essencial de seus valores, feita de práticas mensuráveis que se referem ao seu negócio. A Whole Foods Market tem criado valor para a sua marca através da sustentabilidade como estratégia em *branding*, com um propósito significativo e de grande apelo [Berlato, Saussen e Gomez, 2016:35].

Outro exemplo de empresa que trabalha sua marca de forma sustentável é a Ypê, fabricante nacional de produtos de higiene e limpeza. A empresa vem investindo no desenvolvimento de produtos biodegradáveis e na aplicação da gestão ambiental em sua planta de produção, principalmente na questão de reuso de água e no consumo de plástico em suas embalagens. Atuando dentro de parâmetros legais e do "ecologicamente correto", a marca da Ypê foi modificada em 2007 para atrelar sua imagem a uma empresa que respeita o meio ambiente.

Visivelmente a marca tem investido na ascensão do consumo consciente. A Ypê, percebendo uma tendência do consumidor a preferir produtos que oferecem bem-estar e respeitam o meio ambiente, tem investido na sustentabilidade empresarial como estratégia em *branding* [Berlato, Saussen e Gomez, 2016:36].

Na figura 39, temos um exemplo de *rebranding* da marca Ypê, em 2007, para trazer o aspecto sustentável mais presente em sua comunicação, além de uma ação ambiental relacionada aos 60 anos da empresa, em 2010.

Figura 39
Exemplo de ações sustentáveis da marca Ypê

Vemos que a aplicação do marketing 3.0 na comunicação das marcas diz respeito, principalmente, ao conceito de "comunização" (Kotler, 2010) que, por sua vez, reforça o conceito de tribalismo das marcas na sociedade de consumo. Rocha (1995) nos lembra de que a publicidade (expressão do discurso das marcas) estimula e reforça a ideia de tribo perante os consumidores. Mensagens da publicidade tradicional como "por um mundo melhor" (Rock in Rio), "vem pra Caixa você também" (Caixa Econômica Federal), "o mundo é dos Nets" (NET), entre outras trazem, há diversos anos, o incessante projeto de juntar, enturmar, tribalizar, relacionar pessoas "obedecendo à lógica de uma sociedade na qual a importância suprema se localiza na totalidade, nas relações dos homens entre si e com as coisas" (Rocha, 1995:172). Observe dois exemplos na figura 40.

Figura 40
Exemplos de associação de marcas com o pertencimento a uma determinada "tribo"

Porém o que antes representava um discurso unilateral das marcas, propagado pelos meios de comunicação de massa tradicionais (como televisão, rádio, revistas etc.), se transformou – pelas redes sociais digitais (como Facebook, YouTube, Instagram, WhatsApp, entre outras) – em um conjunto de conversas diretas entre consumidores. Como afirma Godin (2013), os consumidores desejam se conectar cada vez mais a outros consumidores e não, necessariamente, às empresas. Por isso, conforme Kotler (2010) reforça, as empresas que desejam ingressar no marketing 3.0 devem abrir espaço para que os próprios consumidores se conectem uns com os outros (*webs*), por meio de uma ideia (*pools*) ou com um líder (*hubs*).

Os consumidores em *webs* interagem uns com os outros, em agrupamentos nas mídias sociais (como uma comunidade temática no Facebook); os que estão em *pools* compartilham uma mesma crença e forte filiação a uma determinada marca e não necessariamente interagem uns com os outros. Por fim, aqueles em *hubs* gravitam em torno de uma figura forte (líder) e constituem uma base leal de fãs. "As empresas devem estar cientes disso e participar, servindo os membros das comunidades" (Kotler, 2010:39). Um exemplo de como uma determinada marca aproveita e estimula essas conexões de consumidores é a Apple, em que determinados usuários dos produtos da marca revelam conexões muito intensas com esta:

O grupo que se forma em torno da Apple é típico das comunidades contemporâneas. Não mais dependentes da proximidade geográfica, tendem a ser definidas por um estado de espírito ou convicção coletiva. A comunidade Apple nem se une mais pelo produto em si. [...] Para essas pessoas, o apelo da Apple de desafiar a norma eleva a sua ligação com a marca acima do simples desejo de comprar uma caixa eletrônica inteligente [Atkin, 2007:28-29].

Muitos destes espaços de agrupamento de consumidores podem ser estimulados pelas empresas, pois o que os une é a crença e a forte filiação a uma marca. A própria Apple faz isso há quase duas décadas, desde quando lançou seu *slogan* "Pense diferente" (*Think different*) em uma campanha com diversas personalidades mundiais criativas ou que desafiaram o *status quo* de suas épocas (figura 41). Podemos dizer que a Apple já praticava o marketing 3.0 muito antes de o conceito ser discutido na literatura de marketing? De certa forma, sim.

Figura 41
Peças publicitárias da campanha *Think diferente*, da Apple (1997)

Se no marketing 1.0 e no 2.0 o objetivo dos gestores era posicionar as marcas nas mentes dos consumidores e trazer componentes emocionais, no marketing 3.0 o objetivo é trabalhar um triângulo harmonioso entre marca, posicionamento e diferenciação, para alcançar os consumidores como seres humanos plenos: com alma, coração e espírito.

Kotler (2010) sugere, assim, o modelo dos 3Is – identidade, integridade e imagem da marca – para que o marketing possa ser repensado dentro do conceito do marketing 3.0. Na figura 42, temos um exemplo de como o modelo dos 3Is se apresenta.

Figura 42
Modelo dos 3Is

Fonte: Kotler (2010:41).

Vejamos cada aspecto deste *framework*:

- *identidade*: como a marca se posiciona na mente dos consumidores. Para ser notada, uma marca precisa de um posicionamento singular e ser relevante para as necessidades e desejos racionais dos consumidores;
- *integridade*: a verossimilhança do que a marca alegou a respeito do seu posicionamento e diferenciação perante os

consumidores. Ou seja, diz respeito ao cumprimento das promessas e à conquista da confiança dos consumidores (espírito);
- *imagem*: como a marca conquistou as emoções dos consumidores, a partir das necessidades e desejos emocionais destes (ultrapassando as funcionalidades e características do produto/serviço representado).

Temos, portanto, um modelo para que a marca seja relevante para o ser humano como um todo: mente, alma e espírito:

> Outro aspecto essencial desse modelo é que, no Marketing 3.0, os profissionais de marketing devem atingir mente e espírito dos consumidores simultaneamente para chegar a seu coração. O posicionamento fará a mente considerar uma decisão de compra. A marca exige diferenciação autêntica para que o espírito humano confirme a decisão. Finalmente, o coração levará um consumidor a agir e tomar uma decisão de compra [Kotler, 2010:42].

A seguir, um exemplo de aplicação do modelo dos 3Is, a partir da análise da marca de calçados Timberland e de como sua comunicação está de acordo com o conceito da sustentabilidade e do marketing 3.0. Empresa criada por Nathan Swartz sob o nome de Abington Shoe Company em 1952, lançou em 1973 um produto destinado a lenhadores que precisavam proteger seus pés contra umidade e frio. Nascia a bota "Timberland", uma das primeiras botas de couro totalmente impermeáveis e a única, na época, com garantia contra defeitos de fabricação. Em 1978, com o sucesso do produto, a empresa passou a ser chamada de The Timberland Company e, nas décadas seguintes, inovou ao lançar diversos tipos de calçados para uso ao ar livre – sempre primando pela qualidade das matérias-primas e do processo de fabricação. A bota de 1973 passou a ser chamada de "a bota amarela original" (*the original yellow boot*) e tornou-se um ícone de sua categoria nos Estados Unidos e em diversos outros países onde a Timberland atua. Vejamos, a partir da figura 43, como a empresa pode ser analisada a partir do modelo dos 3Is.

Figura 43
Modelo dos 3Is da Timberland

Integridade de marca

POSICIONAMENTO
"A BOA empresa de calçados e vestuário inspirada na vida ao ar livre."

DIFERENCIAÇÃO
• Cidadania engajada
• Gestão ambiental
• Direitos humanos globais

Identidade de marca

Imagem de marca

MARCA
Timberland

Fonte: Kotler (2010:43).

A Timberland expressa sólida integridade de marca, posicionando-se como "a boa empresa de calçados e roupas inspirada na vida ao ar livre". Também sustenta seu posicionamento com uma sólida diferenciação e é conhecida pelo programa de serviço comunitário voluntário de seus empregados, denominado Path of Service, que é parte do DNA corporativo da Timberland, tornando a marca diferente e autêntica.

Como o modelo dos 3Is também é relevante para o marketing no que tange ao papel das mídias sociais, a Timberland utiliza seus principais atributos para entregar estratégias de contato da marca com diferentes *stakeholders*. O *website* da Timberland explora os valores da marca e sua relação com a responsabilidade social corporativa da empresa, ao prestar contas sobre todas as suas ações relacionadas à sustentabilidade dos produtos, ao respeito ao meio ambiente e ao trabalho de engajamento de comunidades e funcionários em prol de seus valores (Path of Service). Vemos como exemplo, na figura 44, os princípios do marketing 3.0 comunicados de forma clara pela Timberland.

Figura 44
Exemplo de como a Timberland trabalha a comunicação dentro dos preceitos do Marketing 3.0

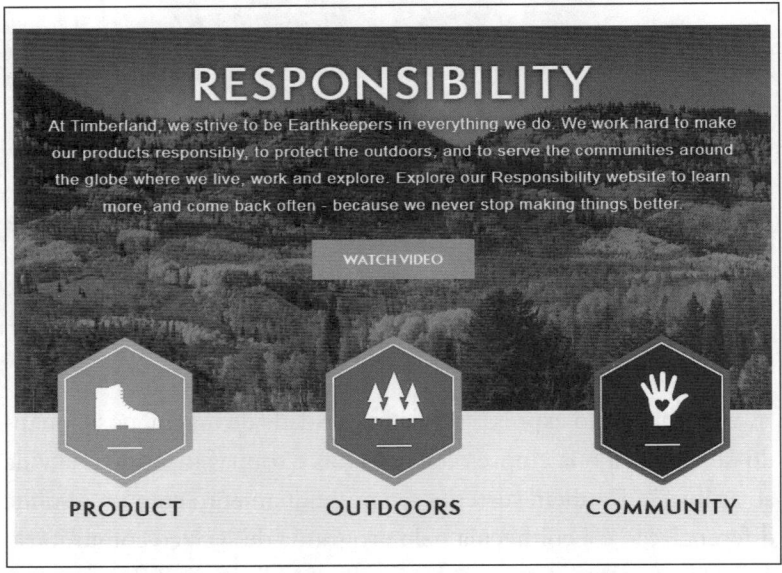

Fonte: extrato do *site* da empresa. Disponível em: <www.timberland.com/responsibility.html>. Acesso em: 10 set. 2017.

Em 2016 o gerente sênior de mídia paga e digital da Timberland, Frank Hwang, apresentou um estudo de caso sobre a estratégia de comunicação da *yellow boot*, em um evento do *site* Socialmedia.org. Nesse estudo de caso, fica claro como a marca traduz seu DNA sustentável por meio de ações de comunicação e engajamento de consumidores, reforçando o conceito de "comunização" e tribalismo presentes no marketing 3.0. Focada no conceito *"made for the modern trail"* ("feito para a trilha moderna"), que destaca a também urbanidade dos produtos da marca e como a Timberland entrega uma imagem moderna e não apenas rústica, a campanha lançada naquele ano focou a participação dos consumidores para que criassem conteúdos sobre a marca nas mídias sociais, por meio de seus dispositivos móveis (*smartphones* e *tablets*), e encaminhassem tais conteúdos aos canais digitais oficiais da Timberland.

Figura 45
Como a Timberland gerou conteúdos sobre
sua marca por meio da "comunização"

```
Timberland
COMO CONTAMOS NOSSA HISTÓRIA:
                    CONTEÚDO
                       ↕
         DISTRIBUIÇÃO NA MÍDIA:
   PAGA ↔ PROPRIETÁRIA ↔ GANHA
                       ↕
                  CONSUMIDOR
```

Fonte: Hwang (2016).

Na figura 45, vemos como esse movimento aconteceu: os conteúdos iniciados pela marca foram distribuídos em seus canais de mídia paga (anúncios digitais ou nos meios tradicionais de comunicação de massa), mídia proprietária (lojas, pontos de venda, *website* da Timberland, perfis oficiais da marca nas redes sociais) e mídia ganha (pautas em reportagens da imprensa *online* e *offline*). Ao receber tais conteúdos nos diferentes tipos de mídias, os consumidores foram impactados e estimulados a contribuir, gerando mais conteúdos com base em suas próprias experiências com a marca. Esse conteúdo gerado pelo usuário (*user generated content*) retroalimentou a estratégia da marca em seus discursos oficiais e serviu de base para a continuidade do ciclo.

A ativação da marca aconteceu em multiplataformas (360°), ou seja, cobriu mídias *online* e *offline* com conteúdo gerado pela própria Timberland e, mais importante, pelos próprios consumidores e fãs da marca (figura 46).

Figura 46
Ativação da marca Timberland em multiplataformas

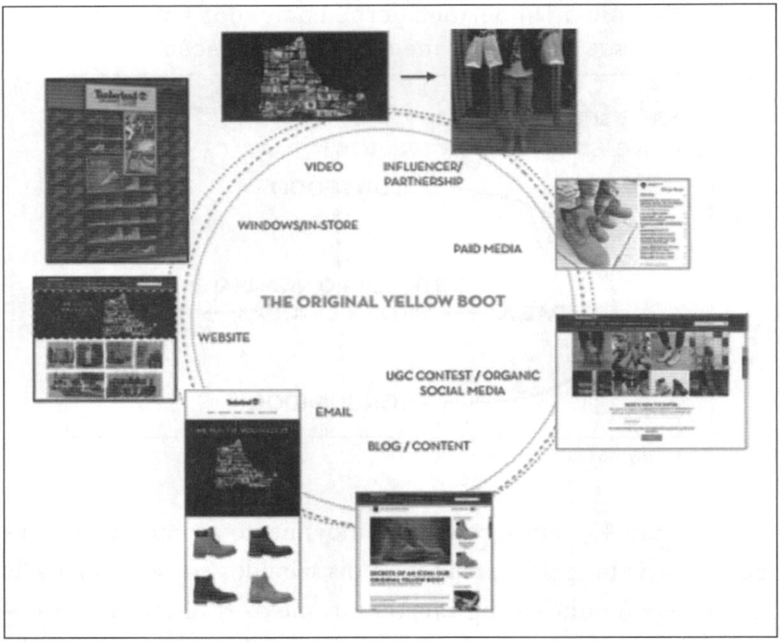

Fonte: Hwang (2016).

Na figura 47, temos alguns exemplos de peças de comunicação criadas pela Timberland com conteúdo gerado pelos fãs da marca.

Figura 47
Exemplos de peças de comunicação
da campanha da Timberland

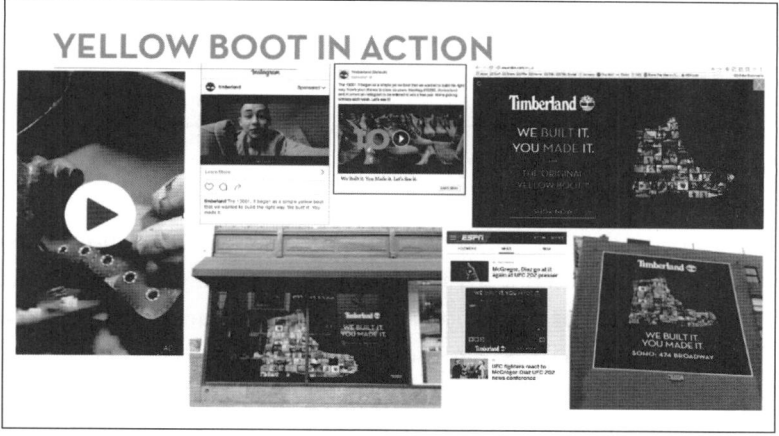

Fonte: Hwang (2016).

O papel das redes sociais nas estratégias de *branding*, principalmente quando se gerencia uma marca pelo viés do marketing 3.0, é crucial:

> Nas mídias sociais, uma marca é como um participante da rede. A identidade da marca (ou seja, seu *avatar*) é classificada de acordo com o acúmulo de experiência dentro da comunidade. [...] Os profissionais de marketing devem estar atentos a isso e abraçar essa tendência. Não exerça controle demais sobre a comunidade de consumidores; deixe-os fazer o marketing por você. Seja apenas fiel ao DNA de sua marca. Marketing 3.0 é a era da comunicação horizontal, em que o controle vertical não funcionará. Apenas a honestidade, a originalidade e a autenticidade funcionarão [Kotler, 2010:44].

E as mídias sociais podem ter um papel mais específico ainda dentro do conceito do Marketing 3.0, no que tange ao desenvolvimento de produtos ou serviços. Veremos, a seguir, como o *crowdsourcing* pode ajudar marcas a se engajarem melhor com seus consumidores. Logo após, apresentaremos a importância da criação de valor compartilhado dentro do *branding*.

Crowdsourcing e desenvolvimento colaborativo de produtos e serviços

No decorrer deste livro, reforçamos que, em função do novo contexto social e do maior nível de empoderamento dos *stakeholders*, cada vez menos os profissionais de marketing possuem controle total sobre suas marcas. A crescente tendência à existência de consumidores colaborativos afetou os negócios, e as empresas agora competem com o poder coletivo dos consumidores. O exemplo da Timberland, analisado no tópico anterior deste capítulo, já demonstra o quanto é importante que gestores de marketing usem a força e capacidade dos fãs para contribuir e participar na construção do *equity* (patrimônio) da marca, deixando de enxergá-los como possíveis rivais da comunicação organizacional. Agora, veremos como o desenvolvimento colaborativo de produtos e serviços pode ser um grande aliado das marcas dentro do marketing 3.0.

Kotler (2010) reforça que, se as marcas precisam colaborar com seus consumidores, tal colaboração começará quando os gestores de marketing ouvirem a voz desses próprios consumidores para entender sua mente e captar *insights* do mercado. Porém, o ideal não é apenas aplicar técnicas de pesquisa (sejam quantitativas ou qualitativas), mas chegar a estágios de colaboração mais avançada, nos quais os consumidores desempenham o papel principal na geração de valor por meio da cocriação de produtos e serviços, ou seja, a aplicação de *crowdsourcing*.

Crowdsourcing é um conceito derivado da teoria sobre inovação aberta que, conforme Chresbrough (2012), define, representa o uso intencional de entradas e saídas do conhecimento para acelerar a inovação interna e expandir os mercados e possibilidades das organizações. Desenvolvido por Jeff Howe (2006), no artigo "The rise of crowdsourcing" publicado na revista *Wired*, *crowdsourcing* é o ato de pegar uma tarefa tradicionalmente designada a um empregado e externá-la para um grupo, geralmente grande e indefinido, de pessoas, por meio de uma chamada aberta, geralmente pela internet.

Também podemos entender *crowdsourcing* como sinônimo do conceito de "cocriação" presente no marketing 3.0; afinal, "a experiência de um produto jamais é isolada. É o acúmulo das experiências individuais do consumidor que cria maior valor para o produto" (Kotler, 2010:37). Temos, assim, três processos envolvidos na cocriação:

- as empresas devem criar uma "plataforma" ou um produto genérico que será customizado mais adiante;
- depois, os consumidores individuais devem ter acesso a essa plataforma dentro de uma rede para que customizem de acordo com suas identidades singulares;
- após a cocriação, os consumidores devem fornecer *feedback* e enriquecer a plataforma, incorporando todos os esforços de customização feitos pela rede de consumidores participantes.

Ao aplicar a cocriação, as marcas estarão estimulando o que Kotler (2010) classifica como "conversas muitos para muitos", ou seja, os consumidores produzem, criticam, aprimoram, constroem conceitos sobre produtos ou serviços representados por marcas. Já na aplicação direta do conceito do *crowdsourcing*, a "plataforma" anteriormente descrita pode ser representada por um ambiente onde ideias e sugestões dadas por determinados fãs da marca serão discutidas por outros fãs, para que a própria comunidade esteja engajada em demonstrar à empresa que fez a "chamada externa" como resolver determinado problema ou aprimorar sua atuação.

Plataformas de *crowdsourcing* foram adotadas por grandes marcas a partir do final da década de 2000. Por exemplo, a Dell lançou em 2007 o Dell *ideastorm* (ou "tempestade de ideias da Dell" numa tradução livre) e a Starbucks ofereceu uma plataforma chamada *My Startbucks idea* (ou "Minha ideia da Starbucks" em tradução livre) em 2008 (figura 48). Ambas foram criadas para estimular os fãs das marcas a sugerirem melhorias no seu portfólio de produtos ou de serviços agregados, além de propor ideias socioambientais para melhoria da atuação das empresas dentro do *triple bottom line* (conceito já explicado no capítulo sobre sustentabilidade). Ambos os *sites* funcionavam independentemente dos *websites* institucionais destas empresas e estavam totalmente dedicados à cocriação e ao compartilhamento de ideias por meio do diálogo "muitos para muitos" de seus consumidores e fãs.

Figura 48
Exemplo da página principal da plataforma
My Starbucks Idea em 2016

Fonte: <www.starbucksmelody.com/2017/05/31/starbucks-nixes-mystarbucksidea-community-can-still-submit-ideas/>. Acesso em: set. 2017.

A *My Starbucks Idea* foi responsável pela implantação de diversas inovações de produtos e serviços oferecidos pela Starbucks. Quando completou cinco anos de existência, em 2013, a plataforma acumulava mais de 150 mil ideias recebidas com mais de 2 milhões de votos dados a elas ("gostei" ou "não gostei") pela própria rede de participantes (fãs da marca). Isso gerou 277 ideias implantadas pela empresa, como oferecer conexão *wi-fi* (internet sem fio) grátis nas lojas ou sabores de produtos, como um *machiatto* de amêndoas. Dezessete novas ideias eram recebidas, em média, todos os dias. Confira, na figura 49, esses e outros dados sobre o *My Starbucks Idea*.

Figura 49
Balanço dos primeiros cinco anos de atividade da plataforma *My Starbucks Idea*

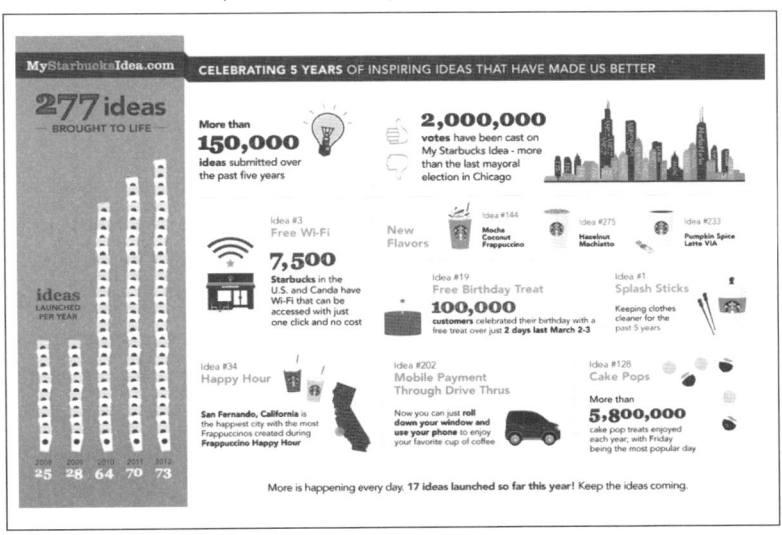

Porém, conforme Dahlander e Piezunka (2017) expõem, para aproveitarmos melhor a cocriação dentro do contexto do marketing 3.0, devemos estimular – enquanto gestores de marketing e de *branding* – que as ideias da organização sejam publicadas nas plataformas para, então, convidar as pessoas para discuti-las. Esperar apenas que o consumidor publique ideias por conta própria vai aproximar programas de *crowdsourcing* da conhecida "caixa de sugestões" das empresas, onde ideias externas podem ser enviadas, porém sua discussão fica restrita apenas ao ambiente interno das organizações e sem um comprometimento com o diálogo com os *stakeholders* participantes.

Ao permitir que os próprios consumidores recebam as ideias da empresa e possam cocriar com elas, também avaliando quais são as mais ou menos relevantes, a marca oferece uma oportunidade de geração de valor compartilhado por meio da confiança mútua entre as partes envolvidas (empresa/marca e consumidor/*stakeholder*). Iremos explorar melhor essa noção de valor compartilhado dentro da gestão de marketing no tópico a seguir.

Valor compartilhado

Após todos os conceitos apresentados sobre gestão de *stakeholders* e, principalmente, dos seis estágios de relacionamento propostos pela norma AA1000SES do AccountAbility (2015), devemos evoluir para o conceito que sintetiza a relação ideal entre a organização e seus públicos: a geração mútua de oportunidades de crescimento ou, simplesmente, a expressão que revolucionou o mercado: a criação de valor compartilhado.

Para o entendimento da conceituação do termo, voltaremos um pouco no tempo. Michael Porter, o renomado guru de estratégia, desde 2010 tem rediscutido o papel das empresas dentro do novo contexto social, sua finalidade e impacto. Segundo ele, grande parte do problema está nas empresas em si, que continuam presas a uma abordagem à geração de valor surgida nas últimas décadas e que, em virtude do novo contexto social, já está ultrapassada. Continuam a ver a geração de valor de forma tacanha, otimizando o desempenho financeiro de curto prazo numa bolha e, ao mesmo tempo, ignorando as necessidades mais importantes do cliente e influências maiores que determinam seu sucesso no longo prazo. Por exemplo, revisitando seus próprios conceitos, Porter avaliou que a cadeia de valor, criado por ele na década de 1990, retrata tudo o que a empresa faz para conduzir suas atividades. Sua sugestão foi no sentido de que ela pode ser usada como um arcabouço para identificar o impacto social positivo e negativo dessas atividades. Esses elos "de dentro para fora" podem ir de políticas de contratação e demissão à emissão de poluentes, como demonstra a lista parcial de exemplos apresentada na figura 50.

No artigo intitulado "Criação de valor compartilhado: como reinventar o capitalismo e desencadear uma onda de inovação e crescimento", Michael Porter e Mark Kramer (2011a) propõem que nem todo lucro é igual. O lucro que envolve um propósito social é uma forma superior de capitalismo – que cria um ciclo positivo de prosperidade empresarial e social. Também coloca a reflexão de que necessidades sociais, e não só necessidades econômicas convencionais, definem o mercado, e que as mazelas sociais criam custos internos para as empresas.

Então, como definir o conceito de valor compartilhado? Trata-se da geração de valor a partir das interações com os diferentes *stakeholders* ou, em outras palavras, políticas e práticas operacionais que aumentam a competitividade de uma empresa ao mesmo tempo que melhoram as condições socioeconômicas nas comunidades em que a empresa atua. Esse conceito não é responsabilidade social, filantropia, nem mesmo sustentabilidade, mas um instrumento que une interesses da empresa com os da sociedade para alcançar o sucesso econômico. Significa que, em vez de buscar o resultado (ganho) tão comum nas suas relações de negócio com todos os seus *stakeholders* por meio do emprego da sua força e relevância, a empresa busca o caminho de conseguir um resultado que seja satisfatório para todas as partes, gerando desenvolvimento equitativo (figura 50).

Figura 50
Uma visão de dentro para fora: o impacto social da cadeia de valor

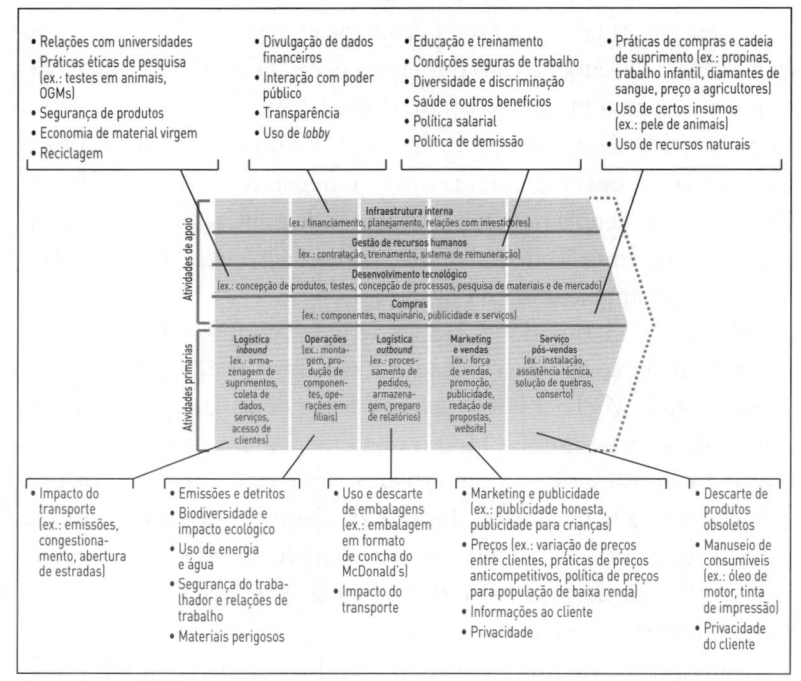

Atividades de apoio				
• Relações com universidades • Práticas éticas de pesquisa (ex.: testes em animais, OGMs) • Segurança de produtos • Economia de material virgem • Reciclagem	• Divulgação de dados financeiros • Interação com poder público • Transparência • Uso de *lobby*	• Educação e treinamento • Condições seguras de trabalho • Diversidade e discriminação • Saúde e outros benefícios • Política salarial • Política de demissão		• Práticas de compras e cadeia de suprimento (ex.: propinas, trabalho infantil, diamantes de sangue, preço a agricultores) • Uso de certos insumos (ex.: pele de animais) • Uso de recursos naturais

Infraestrutura interna (ex.: financiamento, planejamento, relações com investidores)
Gestão de recursos humanos (ex.: contratação, treinamento, sistema de remuneração)
Desenvolvimento tecnológico (ex.: concepção de produtos, testes, concepção de processos, pesquisa de materiais e de mercado)
Compras (ex.: componentes, maquinário, publicidade e serviços)

Atividades primárias:
- Logística *inbound* (ex.: armazenagem de suprimentos, coleta de dados, serviços, acesso de clientes)
- Operações (ex.: montagem, produção de componentes, operações em filiais)
- Logística *outbound* (ex.: processamento de pedidos, armazenagem, preparo de relatórios)
- Marketing e vendas (ex.: força de vendas, promoção, publicidade, redação de propostas, *website*)
- Serviço pós-vendas (ex.: instalação, assistência técnica, solução de quebras, conserto)

• Impacto do transporte (ex.: emissões, congestionamento, abertura de estradas)	• Emissões e detritos • Biodiversidade e impacto ecológico • Uso de energia e água • Segurança do trabalhador e relações de trabalho • Materiais perigosos	• Uso e descarte de embalagens (ex.: embalagem em formato de concha do McDonald's) • Impacto do transporte	• Marketing e publicidade (ex.: publicidade honesta, publicidade para crianças) • Preços (ex.: variação de preços entre clientes, práticas de preços anticompetitivos, política de preços para população de baixa renda) • Informações ao cliente • Privacidade	• Descarte de produtos obsoletos • Manuseio de consumíveis (ex.: óleo de motor, tinta de impressão) • Privacidade do cliente

Fonte: Porter (1990).

Vale lembrar que esse conceito está relacionado com o quinto estágio da norma de relacionamento com os *stakeholders* (AA-1000SES), que é o estágio da colaboração entre a organização e seus públicos estratégicos.

A primeira empresa a implantar o conceito foi a empresa de alimentos Nestlé, que o incorporou ao seu jeito de fazer negócios e que, no seu *site*, apresenta o conceito integrado na sua visão estratégica (figura 51).

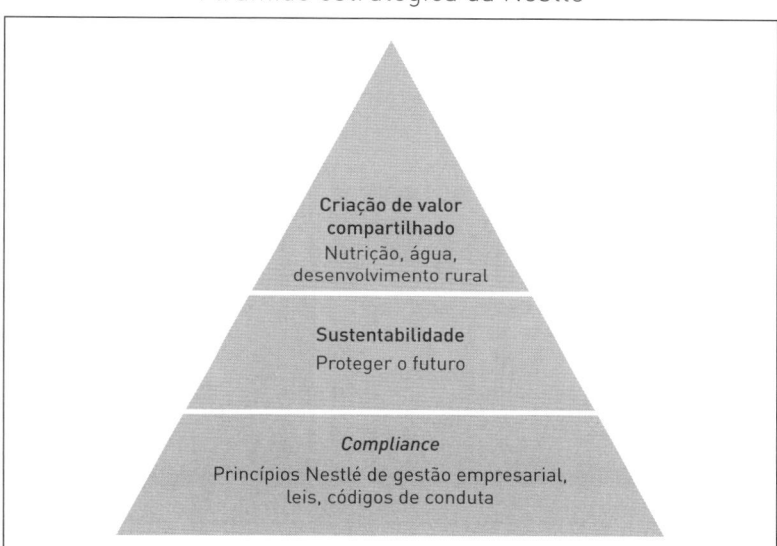

Figura 51
Pirâmide estratégica da Nestlé

```
            /\
           /  \
          / Criação de valor \
         / compartilhado \
        / Nutrição, água, \
       / desenvolvimento rural \
      /------------------------\
     /      Sustentabilidade     \
    /        Proteger o futuro    \
   /--------------------------------\
  /           Compliance             \
 /  Princípios Nestlé de gestão empresarial, \
/         leis, códigos de conduta            \
------------------------------------------------
```

Outra empresa a incorporar o tema foi a Coca-Cola, que criou o projeto coletivo, programa que oferece um conjunto de cursos gratuitos junto com seus parceiros e cria oportunidades de crescimento profissional para jovens de 16 a 25 anos por meio da valorização de autoestima e geração de renda. O programa oferece formação técnica, desenvolvimento de habilidades socioemocionais, e conexão com oportunidades no mercado de trabalho (figura 52). Até o ano de 2017, esse projeto já contemplou mais de 160 mil jovens. Dado o entendimento da importância do valor compartilhado para a organização, sua agenda estratégica aborda três grandes direcionadores estratégicos:

- ações ligadas ao bem-estar pessoal (*Me*);
- ações ligadas ao bem-estar social (*We*);
- ações ligadas ao bem-estar ambiental (*world*).

Figura 52
Exemplos de comunicação do projeto Movimento
Coletivo, da empresa Coca-Cola

Fonte: <http://4.bp.blogspot.com/-Lw_NN9cnsM/UZueKlR4Njl/AAAAAAAAAI0/tsfxxFZRz9Y/s1600/coletivo.jpg>.

Outras organizações de vanguarda, com uma visão contemporânea do contexto social, têm utilizado esse conceito para uma melhor reputação da empresa e para maior interação com os *stakeholders*. Na próxima seção, abordaremos os indicadores de mercado relacionados à sustentabilidade.

Relatórios de sustentabilidade: prestação de contas

Agora, que já abordamos diversos temas sobre sustentabilidade e construção de marcas sustentáveis, podemos explorar um pouco o conceito dos relatórios de sustentabilidade. Muitas empresas passaram a publicar o relatório de sustentabilidade, demonstrando suas ações e estratégias relacionadas ao tema, mas isso de forma nenhuma significa se elas são ou não compromissadas com a sustentabilidade.

Os relatórios de sustentabilidade têm como principal motivação a intenção de mostrar os avanços e retrocessos em relação ao assunto e, dessa forma, prestar conta aos seus *stakeholders*, com total transparência. Esses relatórios anuais podem ser positivos ou negativos e tornam-se oportunidades para as organizações identificarem o que estão fazendo de bem, o que ainda têm por avançar e, acima de tudo, engajar seus públicos nessa jornada sustentável. A proposta é a de que o relatório contenha informações sobre o perfil do empreendimento, histórico da empresa, seus princípios e valores, governança corporativa e diálogo com partes interessadas, indicadores de desempenho econômico, social e ambiental.

Apesar de não poderem ser encarados como simples peças de comunicação, e sim como uma ferramenta de gestão, esses relatórios tornam-se uma ótima oportunidade para encantar, com infográficos, imagens e depoimentos.

As principais motivações para a construção de um relatório de sustentabilidade são:

- demanda dos *stakeholders* por maior transparência;
- diminuição de riscos atrelados ao negócio;
- instrumento de gestão;
- exigência dos acionistas e/ou investidores;
- diferenciação, vantagem competitiva.

Mas como desenvolver um relatório de sustentabilidade? Vamos entender melhor, conhecendo um formato de análise criado em 1997 pelo Global Reporting Iniciative, cuja nomenclatura ficou conhecida apenas como GRI.

O Global Reporting Iniciative é uma instituição global independente e sem fins lucrativos, responsável pela criação de uma estrutura mundialmente aceita para medir o desempenho sustentável de empresas, repartições públicas, ONGs e outras organizações. Trata-se da maior referência mundial, contemplando hoje, em todo o mundo, mais de 60 países que seguem suas diretrizes de desenvolvimento. A conquista de tanta credibilidade internacional se deve à consulta de acionistas e à busca de consenso entre empresas, sociedade civil, trabalhadores, economistas, acadêmicos e governos em suas deliberações. Trata-se da maior referência mundial nesse campo. Considerado o mais completo e abrangente padrão internacional, conta com princípios para definição adequada do conteúdo do relatório e para garantir a qualidade da informação relatada, indicadores de desempenho e protocolos técnicos com metodologias de compilação, fontes de referências, entre outros.

O GRI, ao qual a adesão é voluntária, gratuita e de livre acesso (seja via adesão formal ou utilização informal), representa um conjunto de diretrizes que visa padronizar a prestação de contas via relatórios de sustentabilidade, criando mecanismos de comparação entre as diversas prestações de contas, fornecendo um mínimo de informações e facilitando, assim, a leitura e entendimento por parte dos *stakeholders*.

Esse é um ponto de atenção, pois nem os relatórios com essa padronização, nem os outros tipos de relatório de sustentabilidade têm suas informações checadas. O GRI, por exemplo, apenas confere se a construção do relatório seguiu suas diretrizes. Ele atesta que todos os temas exigidos, como consumo de água e de eletricidade, ações sociais com a comunidade e colaboradores, entre outros, foram abordados no relatório.

É responsabilidade da organização informar o que está fazendo para atender àqueles quesitos, e cabe à sociedade como um todo verificar se aquelas informações são ou não verídicas. Várias organizações optam por contratar empresas terceirizadas para atestar que os números e informações são verdadeiros, porém como o custo para tal ainda é alto, a opção por esse tipo de verificação externa é pouco comum.

Na versão G3, que era uma versão mais utilizada pelas empresas usavam-se 118 critérios globais, fora os critérios específicos do segmento. Havia três níveis de aplicação (C, B e A) e os critérios de relato aumentavam em cada nível, variando da "autodeclaração" à "validação externa por um órgão competente".

Na versão G4, a prestação de contas está dividida entre "essencial" e "abrangente". A opção "essencial" contém os elementos essenciais de um relatório de sustentabilidade, listando os impactos do seu desempenho econômico, ambiental, social e de governança. Já a opção "abrangente" exige a divulgação de informações adicionais sobre a estratégia, análise, governança e ética da organização. A organização deve comunicar seu desempenho de forma mais ampla, relatando todos os indicadores referentes aos aspectos materiais identificados. Observe um exemplo de estrutura do relatório G4 no quadro 7.

Critérios para definição do conteúdo a ser inserido no relatório na versão G4:

- a inclusão dos *stakeholders* mais relevantes da organização;
- o contexto da organização na qual a sustentabilidade está inserida;
- a materialidade, ou seja, a relevância dos fatos destacados;
- a completude, ou seja, a visão dos impactos ambientais e sociais causados pela organização de forma direta e/ou indireta.

Princípios que devem ser observados para assegurar a qualidade do relatório no formato G4:

- equilíbrio (equidade) na forma de atendimento das demandas dos *stakeholders*;
- comparabilidade entre o relato anterior e o relato atual;
- exatidão dos fatos apresentados;
- tempestividade, ou seja, o relato no tempo e no tamanho adequados;
- clareza dos fatos possibilitando uma leitura rica em detalhes;
- confiabilidade dos fatos e dados apresentados.

Quadro 7
Exemplo de estrutura do relatório G4

Categoria	Econômica	Ambiental		
Aspectos	• Desempenho econômico • Presença de mercado • Impactos econômicos indiretos • Práticas de compra	• Materiais • Energia • Água • Biodiversidade • Emissões • Efluentes e resíduos • Produtos e serviços • Conformidade • Transportes • Geral • Avaliação ambiental de fornecedores • Mecanismos de queixas e reclamações relacionadas a impactos ambientais		
Categoria	**Social**			
Subcategorias	Práticas trabalhistas e trabalho decente	Direitos humanos	Sociedade	Responsabilidade pelo produto
Aspectos	• Emprego • Relações trabalhistas • Saúde e segurança no trabalho • Treinamento e educação • Diversidade e igualdade de oportunidades • Igualdade de remuneração entre homens e mulheres • Avaliação de fornecedores em práticas trabalhistas • Mecanismos de queixas e reclamações relacionadas a práticas trabalhistas	• Investimento • Não discriminação • Liberdade de associação e negociação coletiva • Trabalho infantil • Trabalho forçado ou análogo ao escravo • Práticas de segurança • Direitos indígenas • Avaliação • Avaliação de forncedores em direitos humanos • Mecanismos de queixas e reclamações relacionadas a direitos humanos	• Comunidades locais • Combate à corrupção • Políticas públicas • Concorrência desleal • Conformidade • Avaliação de forncedores em impactos na sociedade • Mecanismos de queixas e reclamações relacionadas a impactos na sociedade	• Saúde e segurança do cliente • Rotulagem de produtos e serviços • Comunicações de marketing • Privacidade do cliente • Conformidade

Fonte: Global Reporting Initiative.

A partir dos critérios mencionados, podemos perceber que a preparação da organização na coleta das informações para a confecção dos relatórios de sustentabilidade e construção de campanhas de engajamento nos temas associados (por exemplo: redução do consumo de energia ou água e ações de marketing de causa), envolve, de forma direta, os profissionais de comunicação. Tais profissionais poderão contribuir em muito nesse debate quando devidamente abastecidos de conhecimentos e habilidades sobre o tema, pois terão a oportunidade de aplicar conceitos de *branding*, marcas e sustentabilidade de forma integrada, gerando um posicionamento eficiente da organização e um *storytelling* (construção da narrativa) vigoroso, estabelecendo um diferencial competitivo.

É importante reforçar que um relatório de sustentabilidade não deve ser encarado simplesmente como uma peça de comunicação da organização (normalmente bem diagramado, como mostrado na figura 53), mas como um documento de gestão que apresenta os ganhos passados e que, principalmente, fornece subsídios para a continuidade de atuação de sua marca e de suas políticas sustentáveis perante os diferentes *stakeholders* envolvidos com a empresa.

Figura 53
Relatórios de sustentabilidade – exemplos de capas da AmBev (2016) e Petrobras (2016)

Fontes: <www.ambev.com.br/sustentabilidade/>; <www.investidorpetrobras.com.br/pt/relatorios-anuais/relato-integrado/sustentabilidade>.

No exemplo da figura 54, podemos ver como a empresa de bebidas Coca-Cola apresenta seus destaques relacionados à sustentabilidade.

Figura 54
Destaques da política de sustentabilidade da Coca-Cola

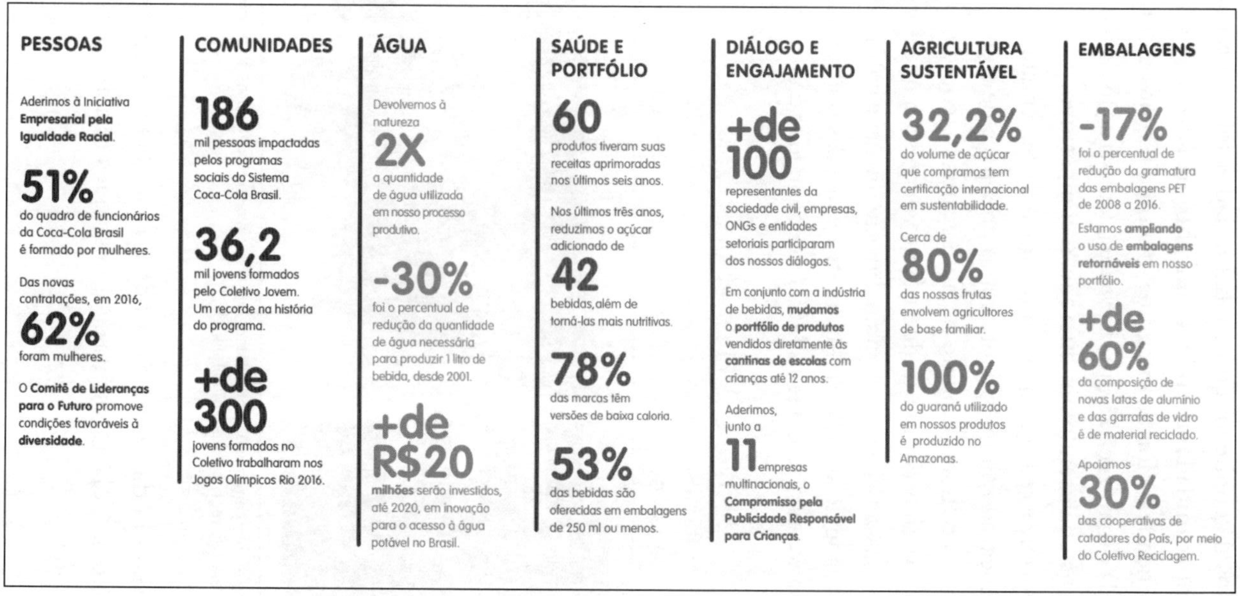

PESSOAS	COMUNIDADES	ÁGUA	SAÚDE E PORTFÓLIO	DIÁLOGO E ENGAJAMENTO	AGRICULTURA SUSTENTÁVEL	EMBALAGENS
Aderimos à Iniciativa Empresarial pela **Igualdade Racial**.	**186** mil pessoas impactadas pelos programas sociais do Sistema Coca-Cola Brasil.	Devolvemos à natureza **2X** a quantidade de água utilizada em nosso processo produtivo.	**60** produtos tiveram suas receitas aprimoradas nos últimos seis anos.	**+de 100** representantes da sociedade civil, empresas, ONGs e entidades setoriais participaram dos nossos diálogos.	**32,2%** do volume de açúcar que compramos tem certificação internacional em sustentabilidade.	**-17%** foi o percentual de redução da gramatura das embalagens PET de 2008 a 2016.
51% do quadro de funcionários da Coca-Cola Brasil é formado por mulheres.	**36,2** mil jovens formados pelo Coletivo Jovem. Um recorde na história do programa.	**-30%** foi o percentual de redução da quantidade de água necessária para produzir 1 litro de bebida, desde 2001.	Nos últimos três anos, reduzimos o açúcar adicionado de **42** bebidas, além de torná-las mais nutritivas.	Em conjunto com a indústria de bebidas, **mudamos o portfólio de produtos** vendidos diariamente às **cantinas de escolas** com crianças até 12 anos.	Cerca de **80%** das nossos frutos envolvem agricultores de base familiar.	Estamos **ampliando** o uso de **embalagens retornáveis** em nosso portfólio. **+de 60%** da composição de novas latas de alumínio e das garrafas de vidro é de material reciclado.
Das novas contratações, em 2016, **62%** foram mulheres.	**+de 300** jovens formados no Coletivo trabalharam nos Jogos Olímpicos Rio 2016.	**+de R$20** milhões serão investidos, até 2020, em inovação para o acesso à água potável no Brasil.	**78%** das marcas têm versões de baixa caloria.	Aderimos, junto a **11** empresas multinacionais, o **Compromisso pela Publicidade Responsável para Crianças**.	**100%** do guaraná utilizado em nossos produtos é produzido no Amazonas.	Apoiamos **30%** das cooperativas de catadores do País, por meio do Coletivo Reciclagem.
O **Comitê de Lideranças para o Futuro** promove condições favoráveis à **diversidade**.			**53%** das bebidas são oferecidas em embalagens de 250 ml ou menos.			

Assim, abordamos a importância e modelo de prestações de contas relacionados à sustentabilidade. Na próxima seção, vamos apresentar mais informações sobre os indicadores econômicos associados à sustentabilidade.

Indicadores econômicos relacionados à sustentabilidade

Agora, que já conhecemos o formato de prestação de contas pelo GRI, é importante entendermos os indicadores econômicos associados ao tema da sustentabilidade que foram criados em diversas bolsas de valores ao redor do mundo. Todas guardam entre si algumas semelhanças, sendo a principal a motivação de apresentar e precificar as ações das empresas consideradas mais sustentáveis naquele mercado. Abordaremos a seguir os indicadores: DJSI, FTSE4GOOD e o ISE.

Dow Jones Sustainability Index (DJSI)

Lançado em setembro de 1999, foi o primeiro indicador da performance financeira das empresas líderes em sustentabilidade em nível global. Foi criado para acompanhar o desempenho de empresas que lideram em termos de sustentabilidade e virou referência para entidades gestoras de recursos. Representa o valor de um grupo de empresas consideradas sustentáveis segundo critérios financeiros, sociais e ambientais. A carteira exclui empresas que geram receita de álcool, tabaco, jogos de azar, armamentos e armas de fogo, e/ou entretenimento adulto. Algumas empresas brasileiras fazem parte da carteira anual.

O índice Dow Jones estabeleceu alguns conceitos que passaram a ser adotados por todas as bolsas ao redor do mundo:

- o conceito da "carteira anual", ou seja, a cada ano são levantadas as melhores empresas a compor o índice do respectivo ano, tendo como base de comparação a pontuação no GRI;
- o conceito de que compõe a carteira somente o montante das empresas que representam 10% das empresas com melhor pontuação no GRI;
- o conceito do "líder da indústria", cujos exemplos em diferentes setores podem ser observados no quadro 8.

Quadro 8
Dow Jones – O conceito do "líder da indústria"

Name	Industry Group	Country
Peugeot SA	Automobiles & Components*	France
Westpac Banking Corp	Banks	Australia
CNH Industrial NV	Capital Goods	United Kingdom
SGS SA	Commercial & Professional Services	Switzerland
LG Electronics Inc	Consumer Durables & Apparel	Republic of Korea
InterContinental Hotels Group PLC	Consumer Services	United Kingdom
UBS Group AG	Diversified Financials	Switzerland
Thai Oil PCL	Energy	Thailand
METRO AG	Food & Staples Retailing	Germany
Coca-Cola HBC AG	Food, Beverage & Tobacco	Switzerland
Abbott Laboratories	Health Care Equipment & Services	United States
Henkel AG & Co KGaA	Household & Personal Products	Germany
Allianz SE	Insurance	Germany
Grupo Argos SA/Colombia	Materials	Colombia
Pearson PLC	Media	United Kingdom
Roche Holding AG	Pharmaceuticals, Biotechnology & Life Sciences	Switzerland
Mirvac Group	Real Estate	Australia
Industria de Diseno Textil SA	Retailing	Spain
Advanced Semiconductor Engineering Inc	Semiconductors & Semiconductor Equipment	Taiwan
Amadeus IT Group SA	Software & Services	Spain
Konica Minolta Inc	Technology Hardware & Equipment	Japan
Koninklijke KPN NV	Telecommunications	Netherlands
Royal Mail PLC	Transportation	United Kingdom
Red Electrica Corp SA	Utilities	Spain

Fonte: <www.securitymagazine.com/articles/88327-top-companies-listed-on-dow-jones-sustainability-index>.

Se o índice Dow Jones significa o patamar máximo para uma empresa compromissada com a sustentabilidade, para outras empresas tem sido palco de profundas decepções. A figura 55 apresenta algumas empresas que tiveram manchas na sua reputação por conta de ações indevidas relacionadas à sustentabilidade.

Figura 55
Exemplos de notícias relacionadas à sustentabilidade

> 16/03/2015 21h15 - Atualizado em 16/03/2015 21h17
> **Petrobras será excluída do Índice Dow Jones de Sustentabilidade**
> Investigações de corrupção da Lava Jato foram motivo da retirada.
> Empresa fazia parte do índice desde 2006, e pode retornar em 2016.
>
> **Dow Jones retira Volks de seu índice de sustentabilidade**
> Decisão está ligada à fraude nos testes de emissões de poluentes
>
> **Vale deixa índice de sustentabilidade empresarial da Bolsa em 2016**
> O indicador é referência internacional sobre companhias que prezam por sustentabilidade e responsabilidade social

Financial Times Stock Exchange for Good (FTSE4GOOD)

A exemplo do DJSI, o FTSE4GOOD Index Series é um índice que avalia a sustentabilidade das empresas cotadas na bolsa londrina. Esse índice existe desde 2001, diferenciando-se dos índices Dow Jones pelas dimensões da sustentabilidade consideradas e pela forma de avaliação: em vez de uma análise comparativa do setor, é feita uma análise considerando os conceitos do *triple bottom line* e de governança corporativa de forma integrada.

O FTSE4GOOD pode ser usado de várias maneiras:

- na criação ou análise de portfólios de investimento, produtos ou instrumentos financeiros focados em investimentos responsáveis;
- como referência de avaliação para empresas engajadas em responsabilidade social e/ou sustentabilidade, para medir seu próprio desempenho e progresso;
- como benchmarking para acompanhar o desempenho de portfólios de investimento responsáveis.

[...]
Há uma série de critérios de inclusão de acordo com o nível de impacto do negócio, que pode ser considerado alto, médio ou baixo, dependendo da indústria e/ou país de atuação da empresa. Os principais critérios são:

- Meio ambiente;
- Direitos humanos;
- Trabalho;
- Padrões de trabalho da cadeia de suprimentos;
- Anticorrupção;
- Mudança climática [Chiozzotto, 2011].

Índice de sustentabilidade empresarial (ISE)

O ISE foi lançado em dezembro de 2005. É um índice brasileiro que, a exemplo do DJSI, mede o retorno médio de uma carteira teórica de ações de empresas de capital aberto e listadas na BM&FBovespa, também denominada B3 com as melhores práticas em sustentabilidade. Avalia o grau de sustentabilidade das empresas, englobando os aspectos econômico, social e ambiental (*triple bottom line*). Foi criado para se tornar referência para o investimento socialmente responsável e também como indutor de boas práticas.

O ISE busca criar um ambiente de investimento compatível com as demandas de desenvolvimento sustentável da sociedade contemporânea e estimular a responsabilidade ética das corporações. É uma ferramenta para análise comparativa da performance das empresas listadas na B3 no aspecto da sustentabilidade corporativa baseada em eficiência econômica, equilíbrio ambiental, justiça social e governança corporativa. Também amplia o entendimento sobre empresas e grupos comprometidos com a sustentabilidade, diferenciando-os em termos de qualidade, nível de compromisso com o desenvolvimento sustentável, equidade, transparência e prestação de contas, natureza do produto, além do desempenho empresarial nas dimensões econômico-financeira, social, ambiental e de mudanças climáticas.

Na sua composição, o ISE segue dois conceitos do DJSI:

- o conceito da composição da carteira, excluindo empresas que geram receita de álcool, tabaco, jogos de azar, armamentos e armas de fogo, e/ou entretenimento adulto;
- o conceito da "carteira anual", composta somente pelo montante das empresas que representam 10% das empresas com melhor pontuação no GRI.

A carteira 2017-2018 do ISE contempla as empresas apresentadas no quadro 9.

Apesar de não estarmos em um livro de macroeconomia, entendemos que é válido apresentarmos, na figura 56, a consistência do crescimento da carteira do ISE desde sua criação até março de 2017.

Quadro 9
ISE: composição da carteira anual do ISE em 2017 e 2018

Nova carteira – 2018

AES Tiete	CCR	CPFL	Engie	Klabin	Natura
B2W	Celesc	Duratex	Fibria	Light	Santander
Banco do Brasil	Cemig	Ecorodovias	Fleury	Lojas Americanas	Telefônica
Bradesco	Cielo	EDP	Itaú Unibanco	Lojas Renner	Tim
Braskem	Copel	Eletropaulo	Itaúsa	MRV	Weg

Carteira atual – 2017 (válida até 5/01/2018)

AES Tiete	BRF	Copel	Eletrobras	Fleury	Lojas Renner	SulAmerica
B2W	CCR	CPFL	Eletropaulo	Itaú Unibanco	Light	Telefônica
Banco do Brasil	Celesc	Duratex	Embraer	Itaúsa	MRV	Tim
Bradesco	Cemig	Ecorodovias	Engie	Klabin	Natura	Weg
Braskem	Cielo	EDP	Fibria	Lojas Americanas	Santander	

Fonte: <www.bmfbovespa.com.br/lumis/portal/file/fileDownload.jsp?fileId=8AA8D0976075EB990160E06649950788>.

Figura 56
Evolução da carteira ISE de novembro de 2005 a março de 2017 (em pontos Ibovespa)

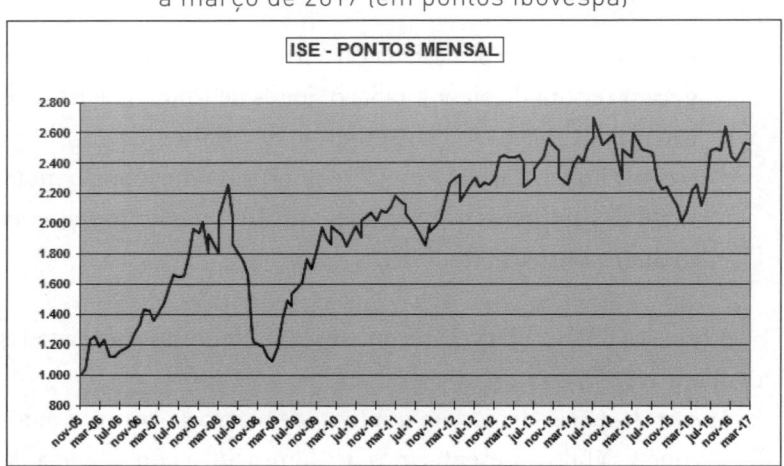

Fonte: ISE – BMF. Disponível em: <www.bmfbovespa.com.br/pt_br/produtos/indices/indices-de-sustentabilidade/indice-de-sustentabilidade-empresarial-ise-estatisticas-historicas.htm>.

Pelo movimento crescente do ISE, percebemos que, cada vez mais, as empresas consideradas com uma gestão social e ambiental responsável têm sido as preferidas pelos investidores nesse momento de incerteza econômica. Este é um exemplo de resultado positivo de empresas que começam a utilizar os preceitos do marketing 3.0 para objetivar não apenas desempenho econômico, mas atingir coração, mente e espírito de consumidores, para entregar valor em suas vidas e contribuir com o desenvolvimento sustentável da sociedade.

4
Gestão da reputação

Vimos, no primeiro capítulo, as diferenças clássicas entre os conceitos de identidade, marca, imagem e reputação. Agora, antes de avançarmos, relembraremos alguns conceitos apresentados para que eles sirvam de alavanca para nosso progresso ao detalharmos mais adiante, neste capítulo, as principais metodologias de gestão da reputação. Afinal, Menezes (2010) lembra a importância da criação de reputação positiva para as organizações, conforme o empresário e financista Warren Buffet declarou: "Se você perder o dinheiro da empresa, eu irei compreender. Se você prejudicar a nossa reputação, eu serei impiedoso" (apud Menezes, 2010:16).

O que é reputação

Apenas para uma rápida lembrança dos conceitos abordados anteriormente, a principal característica da reputação de uma organização é promover um ambiente favorável aos negócios e projetos, à medida que cria atitudes positivas dos seus *stakeholders*. Também podemos complementar agora que a gestão correta dos *stakeholders*, abordada no segundo capítulo, torna-se fundamental para esse êxito, pois fará com que eles tenham uma percepção melhor sobre a organização em questão. Para falarmos sobre reputação, lembramos as declarações do ex-presidente da Natura, Alessandro Carlucci (2013):

> Reputação me remete à confiança e a perseverança em ser consistentes com os valores em que acreditamos [...]. Não basta ter produto bom. O consumidor quer saber como você se comporta nos bastidores.

Já abordamos como a mudança que temos presenciado nos últimos anos afeta nosso contexto social. A sociedade global se encontra em profunda reflexão sobre as formas de atuação das organizações, gerando um contexto de desconexão entre as expectativas da sociedade e as organizações de forma geral, impactando-as de forma nunca antes vista. De acordo com Menezes (2011b), no passado, em um distante mundo analógico, a comunicação de mão única levava as organizações a terem uma falsa sensação de controle sobre o nível de informação e percepção que seus públicos de interesse tinham sobre elas. A tendência era construir estratégias a partir dos fragmentos de relacionamento coletados junto aos públicos tradicionais, como consumidores, governo e imprensa, sem levar em consideração a visão, o pensamento e as demandas dos demais públicos, como as ONGs, as comunidades ou os sindicatos, entre outros públicos estratégicos. Dentro do antigo contexto analógico, elas gerenciavam de forma aprimorada a estratégia de comunicação corporativa com o mundo exterior, controlavam os canais de comunicação com seus principais públicos e atuavam sobre os desvios (falta de entendimento da comunicação por parte dos seus públicos). Porém o avanço das mídias sociais e o maior acesso aos meios de comunicação fizeram com que o processo de comunicação mudasse de patamar, passando a ser elaborado e difundido em mão dupla e em tempo real. Esse contexto exige maior proatividade das organizações, demandando que a gestão da reputação seja entendida como uma responsabilidade de todos os integrantes da empresa, uma vez que a pressão dos públicos, impulsionados pelo alcance das mídias sociais, fica cada vez mais frequente e potencializa as críticas aos desalinhamentos encontrados pelos *stakeholders* nos diferentes pontos de contato com a organização. Concluindo, Menezes (2011b) afirma que, doravante, a qualidade da exposição, os momentos da verdade e a qualidade dos relacionamentos serão cada vez mais relevantes que a quantidade da exposição, ou seja, da simples capacidade financeira da empresa de comunicar sua narrativa em diferentes meios de comunicação.

De acordo com Almeida (2006), os estudos sobre reputação partem incialmente dos estudos de imagem originados no campo do *marketing* na década de 1950, com os estudos sobre marca e, gradualmente, estenderam-se para a imagem corporativa. Ainda em complementação, Almeida (2006) apresenta que o conceito de reputação aborda a consolidação das diversas imagens ao longo dos anos, sendo uma representação coletiva das ações e resultados da organização, por meio da qual descreve-se a habilidade da organização em gerar valor para seus múltiplos *stakeholders*. De forma complementar a esse conceito, Argenti (2006:97) indica que "uma reputação sólida é criada quando a identidade de uma organização e sua imagem estão alinhadas". Para exemplificar, podemos pensar em reputação como um "selo de qualidade" que traz competitividade aos negócios. A reputação conduz atitudes positivas dos diversos *stakeholders* de uma organização, transformando tais atitudes em oportunidades de fortalecimento da marca e do vínculo de confiança nesta.

De acordo com os estudos da Edelman Significa, consultoria global de marca e reputação, uma reputação forte é inspirada numa sólida concepção do propósito de marca, e o valor de uma marca e seu grau de confiança/reputação estão diretamente ligados a um conjunto de atitudes e formatos de engajamento. A figura 57 é extraída de um estudo da empresa chamado "Earned brand Brasil" (em tradução livre, algo como "Marcas vencedoras no Brasil"), de 2016, expressando o que os *stakeholders* pensam sobre a atuação das marcas em suas vidas.

A figura 57 é bastante interessante para o nosso aprendizado, pois além de sintetizar o conjunto de atributos que uma marca pode criar junto aos seus públicos, ela também resume nossa jornada de conhecimento sobre marca e reputação.

Segundo artigo publicado no *Valor Econômico Setorial* (2015), entender corretamente o tema reputação, seus vetores de formação, os pontos positivos advindos da reputação conquistada, tudo isso exigirá do gestor competência em várias áreas de formação, mas também deixará cada vez mais claro o valor estratégico do gestor da área de comunicação corporativa. Neste ponto, é oportuno reafirmar que uma boa reputação e uma estratégia empresarial conduzida com êxito caminham juntas, sendo impossível conquistar uma sem a garantia da outra parte.

Figura 57
O que os *stakeholders* pensam sobre uma marca?

- Constrói *confiança* em cada ponto de contato
- Representa muito *além* do produto ou serviço
- Estimula *compartilhamento*, inspira parceria
- Incorpora um posicionamento *único*
- Conta uma história *memorável*
- Atua a partir de *causas*
- *Escuta* abertamente, *responde* cuidadosamente

Fonte: Edelman Significa (2016).

Importância da reputação na criação da vantagem competitiva

De acordo com o Reputation Institute, comportamentos de apoio, ou seja, a atitude dos *stakeholders*, dependem das percepções criadas a partir dos fatos, imagens e mensagens recebidas pelos públicos, e o desempenho de uma organização é resultado do comportamento de apoio de vários *stakeholders*.

Ainda segundo o instituto, reputação significa um crédito de confiança associado à familiaridade, respeito e reconhecimento conquistados ao longo do tempo, tendo, inclusive, cunhado a expressão "economia da reputação", mencionada por Almeida e colaboradores (2014), em que a principal moeda que uma organização pode construir no contexto atual é a confiança perante seus *stakeholders*. Ainda seguindo esse conceito, podemos reafirmar que quanto mais forte a reputação, maior a favorabilidade de diferentes segmentos da sociedade e, por extensão, mais forte será seu *brand equity* e seu valor intangível, ou seja, a reputação promove resultados de longo prazo, pois, em última análise, vai influenciar a decisão dos consumidores sobre onde comprar, onde os investidores decidem colocar seu dinheiro e onde as pessoas talentosas querem trabalhar.

O quadro 10 explora um pouco mais as atitudes positivas que uma organização pode receber de alguns de seus *stakeholders*. Imagine uma empresa que esteja agindo de forma responsável, cumprindo a promessa de marca e fazendo uma boa gestão do seu relacionamento com seus *stakeholders*. A coluna da esquerda apresenta as atitudes positivas que ela recebe do seu ecossistema de *stakeholders*.

Agora, imagine uma situação que tem sido muito frequente nos noticiários: amanhã cedo, quando você acessar seu portal de notícias favorito ou ler seu jornal, verá a divulgação de um fato negativo, seja porque a organização não está agindo de forma responsável, seja porque está fazendo uma comunicação enganosa e não está cumprindo sua promessa de marca ou porque não está fazendo uma boa gestão do seu relacionamento com seus *stakeholders*. A coluna da direita do quadro 10 explora como essa quebra de confiança na empresa irá impactar na percepção dos seus públicos e, por conseguinte, na atitude deles perante a empresa.

Logo, reputação significa aumento da competitividade nos negócios e sua perda significa, naturalmente, uma retração da atividade da organização, visto que os diferentes *stakeholders* estarão menos propensos a manifestar atitudes de apoio (exemplo: comprar, recomendar, falar bem, investir) à organização.

Quadro 10
Diferentes tipos de atitudes que uma organização pode receber de seus *stakeholders*

Exemplos de atitudes positivas dos *stakeholders* quando a empresa desfruta de boa reputação	Exemplos de atitudes negativas dos *stakeholders* quando a empresa perde confiança e reputação
Facilidade de acesso a crédito perante os *stakeholders* financiadores.	Maior dificuldade na obtenção de acesso a crédito perante os *stakeholders* financiadores.
Legislação equilibrada de órgãos dos governos e dos agentes reguladores.	Maior incerteza por parte dos órgãos dos governos e dos agentes reguladores na concessão de vistos/aprovações.
Portfólio preferencial na carteira de clientes e investidores.	Redução de favorabilidade na construção do portfólio preferencial na carteira de clientes e investidores.
Elevada intenção de compra e recomendação de consumidores.	Baixa intenção de compra e recomendação de consumidores.
Motivo de orgulho dos colaboradores e maior poder de atração de talentos.	Perda do senso de orgulho dos colaboradores e nenhum poder de atração de talentos.

Fonte: Reputation Institute (*site* corporativo).

Principais fatores para a formação da reputação corporativa

Em linhas gerais, alguns fatores são preponderantes para a formação da reputação de uma organização. As empresas de consultoria de gestão da reputação consideram diferentes fatores nos seus modelos de avaliação. Entretanto, podemos listar os fatores que são comuns em todas as metodologias. Para essa análise, partiremos do núcleo central da metodologia *reputation trak* (RepTrak) criada pelo Reputation Institute (2017) e adicionaremos os fatores usados por outras consultorias.

Primeiro vetor – A avaliação dos stakeholders *sobre a atuação da empresa:*

- a qualidade de seus produtos e serviços;
- o atendimento prestado ao seu consumidor nos chamados "momentos da verdade";
- a percepção, pelos *stakeholders*, do seu grau de inovação;
- seu compromisso com o desenvolvimento sustentável;
- a percepção, pelos *stakeholders*, de como a organização conduz seus negócios de forma ética e transparente;
- a crença do mercado no seu modelo de governança corporativa;
- a forma como a organização é percebida por conta das suas relações com seus empregados;
- o legado que a empresa traz para as comunidades ao redor das suas instalações;
- a percepção sobre os executivos que conduzem a organização, seu histórico e nível de confiança.

Segundo vetor – A avaliação dos stakeholders *sobre o relacionamento com a organização:*

- interações dos diversos *stakeholders* com a empresa;
- o grau de confiança dos *stakeholders* com relação à organização;
- os canais de atendimento colocados à disposição dos *stakeholders*, não só consumidores, mas também empregados, fornecedores e comunidades (por exemplo).

Terceiro vetor – A avaliação dos stakeholders sobre o modo de comunicação e relacionamento da organização:

- a história da empresa, a avaliação de sua narrativa e discurso;
- consistência e coerência da comunicação;
- seu grau de diferenciação e relevância em relação às demais organizações;
- o vínculo emocional criado pela organização ao longo do tempo;
- o alinhamento da comunicação com os valores e competências centrais da organização, ou seja, o quanto essa comunicação é percebida como fidedigna.

Quarto vetor – Manifestação dos stakeholders *sobre ações e projetos da empresa:*

- ativismo, seja na mídia tradicional, nas mídias sociais ou em eventos/encontros;
- a forma como a imprensa retrata a organização, seu histórico de credibilidade e performance empresarial;
- pressão social exercida pelos *stakeholders*.

Metodologias de gestão da reputação

Para facilitar o entendimento sobre o tema, veremos agora como se dá a conceituação, metodologia e *ranking* das empresas Harris Interactive, Merco, Edelman Significa, Llorente & Cuenca e Reputation Institute que, ao longo do tempo, desenvolveram metodologias bastante robustas para analisar o nível de confiança, estima, admiração e reputação das organizações. Cada empresa tem seu próprio modelo e conjunto de variáveis, mas, em linhas gerais, partem do mesmo ponto: a percepção do conjunto de *stakeholders* sobre a organização.

Harris Interactive

Segundo apresentado no seu *site* corporativo, a empresa, de origem americana criada em 1997, oferece um serviço completo de agência digital consultiva de pesquisa de mercado, gestão da marca e reputação de forma personalizada, tendo como alicerce para essa entrega sua experiência no setor.

Sua proposta é ir acima e além de tomar decisões complexas, oferecendo *insights* fáceis e simples, e com experiência internacional cobrindo todas as áreas de investigação, concepção, implementação, análise e geração de relatórios – com forças especiais em lealdade, marca e desenvolvimento de novos produtos –, estar com os clientes a cada passo do caminho. Oferece revisão estratégica da relação da organização com seus *stakeholders* – como tratar e priorizar as necessidades não satisfeitas e pontos de descoberta de diferenciação. Além disso, oferece a visão/experiência do cliente como: num dado momento, em tempo real, seu monitoramento transacional; a otimização do ponto de contato do cliente; e a tomada de decisão sobre o caminho para comprar.

Monitor Empresarial de Reputação Corporativa (Merco)

Segundo apresentado em seu *site* corporativo, a Merco, empresa de origem espanhola, já é um dos monitores de maior referência no mundo. É uma ferramenta de avaliação de reputação lançada em 2000 com base em uma metodologia de avaliação multi *stakeholders*, composta por cinco avaliações e 12 fontes de informação. É o primeiro monitor auditado no mundo: o acompanhamento e a verificação de seu processo de elaboração, assim como os resultados, estão sujeitos à revisão independente da KPMG, de acordo com a ISAE 3000, e publica seu parecer para cada edição. Todos os critérios de ponderação são públicos, e os resultados de cada edição estão disponíveis em seu *site*. Seu modelo central de avaliação da reputação está apresentado na figura 58, extraída do *site* corporativo.

O seu *ranking* de empresas operando no Brasil em 2017 traz as 10 primeiras posições do estudo (figura 59).

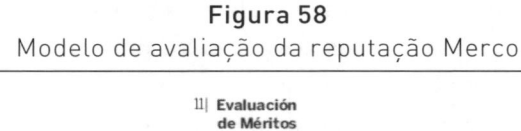

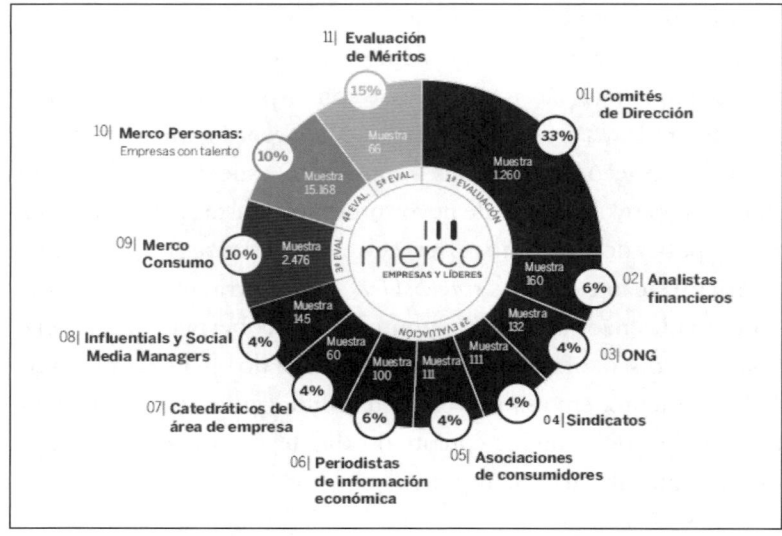

Figura 58
Modelo de avaliação da reputação Merco

Figura 59
Ranking de reputação brasileiro 2017 (Merco)

Posición	Empresa	Puntuación	Anterior
1	NATURA	10000	=
2	ITAÚ UNIBANCO	8672	=
3	AMBEV	8416	=
4	GOOGLE	8376	↑ 5
5	NESTLÉ	7896	↓ 4
6	UNILEVER	7893	↑ 11
7	GRUPO BOTICÁRIO	7495	↑ 14
8	APPLE	7434	↑ 12
9	MICROSOFT	7256	↑ 17
10	COCA-COLA	7156	=

Edelman Significa

A Edelman, agência de relações públicas, empresa americana, criou a metodologia *trust barometer* para medir o nível de confiança da sociedade com relação às empresas e instituições. O estudo é conduzido em mais de 30 países e divulgado anualmente. Segundo apresentado no seu *site*, a empresa trabalha com uma arquitetura de serviços que encaixa as competências necessárias para cuidar das dimensões essenciais da marca: ser, agir, estar e, continuamente, aprender. Veja um resumo da metodologia na figura 60.

Figura 60
Metodologia para avaliação do nível de confiança
(Edelman Significa)

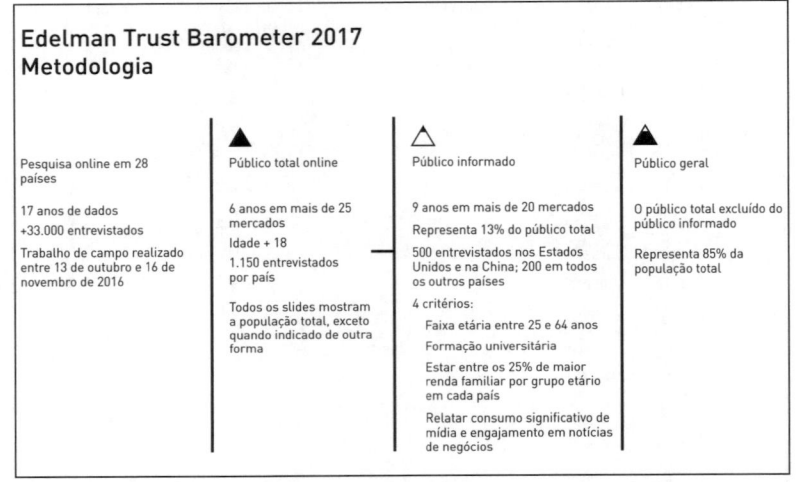

Edelman Trust Barometer 2017 Metodologia			
▲ Pesquisa online em 28 países	▲ Público total online	△ Público informado	▲ Público geral
17 anos de dados +33.000 entrevistados	6 anos em mais de 25 mercados	9 anos em mais de 20 mercados	O público total excluído do público informado
Trabalho de campo realizado entre 13 de outubro e 16 de novembro de 2016	Idade + 18	Representa 13% do público total	Representa 85% da população total
	1.150 entrevistados por país	500 entrevistados nos Estados Unidos e na China; 200 em todos os outros países	
	Todos os slides mostram a população total, exceto quando indicado de outra forma	4 critérios: Faixa etária entre 25 e 64 anos Formação universitária Estar entre os 25% de maior renda familiar por grupo etário em cada país Relatar consumo significativo de mídia e engajamento em notícias de negócios	

Fonte: Edelman Significa (Trust Barometer Brasil 2017). Disponível em: <www.slideshare.net/EdelmanInsights/2017-edelman-trust-barometer-brasil-72985252>. Acesso em: set. 2017.

A empresa adota uma visão ampliada das relações públicas, na qual as estratégias de engajamento desenvolvidas para os clientes têm como ponto de partida a identidade e comportamento da marca, e não um discurso sedutor.

Llorente & Cuenca

Conforme apresentado no seu *site* corporativo, a empresa de origem espanhola aposta no talento, na especialização e na inovação. Segundo a empresa, a era da estética terminou e estamos na era da ética: a reputação converteu-se numa ferramenta de gestão-chave para a geração de valor para as organizações empresariais, instituições financeiras, cidades e países. A empresa está consciente desse novo cenário e oferece aos clientes soluções que os ajudam a proteger, construir e desenvolver sua reputação. A experiência da empresa mostra que seus clientes querem falar dos seus problemas com autênticos especialistas conhecedores de sua problemática, além de procurar cada vez mais soluções inovadoras. Por isso, a empresa conta com uma equipe comprometida e séria, capaz de executar e de contribuir para as soluções mais adequadas em cada caso. A Llorente & Cuenca também desenvolveu o Plano de Qualidade 100% Cliente, com o objetivo de oferecer o melhor serviço aos clientes e conseguir os melhores resultados para seu negócio. Veja na figura 61 um exemplo do modelo de avaliação da reputação da Llorente & Cuenca.

Figura 61
Modelo de avaliação da reputação (Llorente & Cuenca)

Fonte: Llorente & Cuenca (2017).

Reputation Institute

Segundo apresentado no seu *site* corporativo, o Reputation Institute, criou a metodologia *reputation trak* (RepTrak) para avaliação de reputação de organizações de forma geral, sendo hoje considerada a principal consultoria de gestão da reputação do mundo. A empresa utiliza modelos assemelhados para a avaliação de reputação de cidades e países, bem como para setores específicos da economia. No seu modelo RepTrak ela utiliza sete vetores fundamentais para a construção da reputação. Esses vetores foram definidos após anos de pesquisa e estudos de empresas em todo o mundo:

- produtos e serviços;
- inovação;
- ambiente de trabalho;
- governança;
- cidadania;
- liderança;
- desempenho financeiro.

A figura 62 apresenta os sete vetores na visão do Reputation Institute.

A empresa anualmente divulga seu estudo de reputação. No estudo de 2017, Global RepTrak 100 – The World's Most Reputable Companies, apresenta as 10 empresas de melhor reputação no mundo, conforme observado na figura 63.

GESTÃO DA REPUTAÇÃO

Figura 62
Modelo de avaliação da reputação (Reputation Institute)

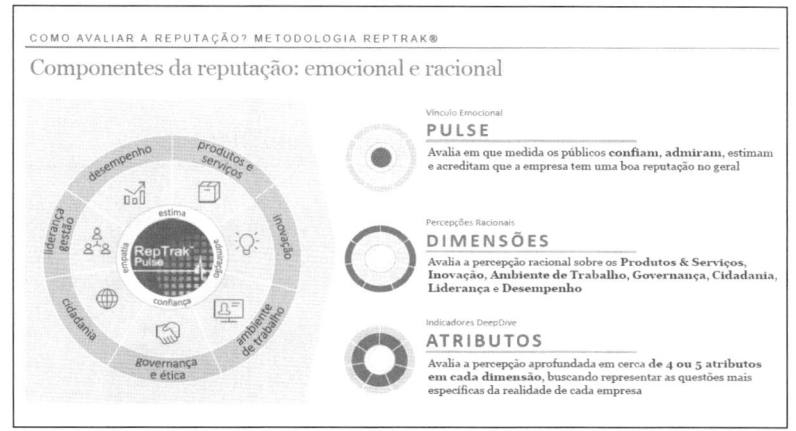

COMO AVALIAR A REPUTAÇÃO? METODOLOGIA REPTRAK®

Componentes da reputação: emocional e racional

Vínculo Emocional
PULSE
Avalia em que medida os públicos **confiam**, **admiram**, estimam e acreditam que a empresa tem uma boa reputação no geral

Percepções Racionais
DIMENSÕES
Avalia a percepção racional sobre os Produtos & Serviços, Inovação, Ambiente de Trabalho, Governança, Cidadania, Liderança e Desempenho

Indicadores DeepDive
ATRIBUTOS
Avalia a percepção aprofundada em cerca de **4 ou 5 atributos em cada dimensão**, buscando representar as questões mais específicas da realidade de cada empresa

Fonte: Reputation Institute (2017).

Figura 63
Global RepTrak 100 – The World's Most Reputable Companies (Reputation Institute)

Rank	Home	2017	Pulse Score
1	Switzerland	ROLEX	80.38
2	Denmark	LEGO	79.46
3	United States	The Walt Disney Company	79.19
4	Japan	Canon	78.28
5	United States	Google	78.22
6	Germany	BOSCH	78.12
7	Japan	SONY	77.74
8	United States	intel	77.74
9	The United Kingdom	Rolls-Royce	77.66
10	Germany	adidas	77.27

Fonte: Reputation Institute (2017).

No seu *ranking* brasileiro de 2017, como observado na figura 64, o Reputation Institute classifica as empresas presentes no país com maior índice de reputação.

Figura 64
Brasil RepTrak 100 (Reputation Institute)

2014	2015	2016	2017	2018	Empresa	Posição
77,3	77,2	77,1	77,3	77,15	Google	1
			77,9	77,14	NETFLIX	2
77,2	77,0	77,2	77,2	77,12	Nestlé	3
77,3	77,4	77,3	77,2	76,8	ROLEX	4
77,2	77,2	77,3	77,3	76,5	Alpargatas	5
77,3	77,3	76,3	76,3	76,24	Johnson & Johnson	6
77,0	77,3	77,3	77,3	76,23	adidas	7
			76,3	76,17	PayPal	8
77,3	77,3	77,3	77,3	75,3	natura	9
77,0	77,3	77,3	77,3	75,2	Dell	10

Fonte: Reputation Institute (2017).

***

A partir dos exemplos de diferentes metodologias de gestão da reputação, podemos perceber que os *rankings* variam conforme a aplicação de cada instituição avaliadora. Porém reforçamos a importância de que empresas conheçam e meçam seu grau de reputação perante os *stakeholders*, para terem uma base mais consistente sobre os erros e acertos da implementação de suas estratégias de marketing. A seguir, vamos apresentar como a gestão de riscos associados à reputação vai auxiliar na correção de problemas de aplicação de estratégias e por que a gestão de crises é um tema cada vez relevante para que gestores de marca e/ou de marketing possam conduzir ações voltadas para a construção de reputação positiva de suas organizações.

5
Gestão dos riscos associados à reputação e crises de imagem

Por que devemos gerenciar os riscos associados à reputação? Essa é uma pergunta frequente feita por gestores de empresas de diversos segmentos. A gestão de riscos é um tema bastante relevante, mas que, na maioria das empresas, não aparece nas listas de prioridades. Tais empresas comumente demonstram mais preocupação com temas relacionados ao crescimento dos negócios.

Entretanto, a importância da gestão de riscos associados à reputação e crises de imagem pode ser justificada pela célebre frase de Warren Buffet: "Leva-se 20 anos para construir uma reputação e cinco minutos para destruí-la. Se você pensar sobre isso, fará as coisas de maneira diferente" (Tuttle, 2010). Ou seja, cuidar da reputação positiva de uma marca é garantir sua própria continuidade dentro de seu mercado de atuação. Neste capítulo, analisaremos os principais fatores relacionados à gestão de riscos de reputação e veremos como metodologias e boas práticas podem ajudar empresas a evitarem crises de imagem de marca. Nosso foco será a discussão do tema considerando crises relacionadas ao *branding* em ambientes digitais (principalmente nas mídias sociais).

Conceito e origens das crises

Nos capítulos anteriores, vimos que a reputação das empresas está diretamente relacionada a seu desempenho e a seus discursos perante diferentes *stakeholders*, como o público em geral e os consumidores. A manifestação pública de opiniões sobre a atuação da empresa, seus produtos ou serviços influencia diretamente as marcas. Quando há algum resultado negativo em termos da percepção de uma empresa, produtos podem ser tirados do mercado e algumas empresas podem até deixar de existir. De acordo com Forni (2015), os empresários norte-americanos costumam dizer que as crises empresariais são tão inevitáveis como a morte e os impostos. Ainda segundo o autor, existe um consenso de que crise é uma ruptura com a normalidade, um passivo de imagem, um arranhão na reputação, um fato negativo que estimula uma cobertura extensiva da mídia e exige pronta ação da organização; portanto, deveríamos, pelo menos, aperfeiçoar as estratégias de prevenção. Conforme nos lembra Teixeira (2013), as crises sofrem o poder direto da opinião pública, que podem até boicotar uma empresa quando se sente traída ou lesada a partir de uma ação da marca interpretada como sendo fora de controle.

Podemos entender crise como um momento peculiar, difícil, perigoso ou decisivo na vida das pessoas, empresas ou instituições. No caso das empresas, a "crise corporativa", pelo viés da gestão de reputação e de *branding*, pode ser chamada de "crise de imagem de marca". Isso significa que as leituras e percepções de um determinado público sobre determinada marca (que representa uma organização e/ou seus produtos ou serviços) podem sofrer mudanças e trazer consequências negativas à sua reputação e, consequentemente, aos negócios da empresa.

Apresentamos um pequeno recorte com exemplos de casos que aconteceram nos últimos anos:

- Unilever, com o caso do Ades no Brasil, ocorrido no segundo semestre de 2013, teve uma perda de R$ 200 milhões com o *recall* dos produtos da marca.
- Vídeo divulgado nas redes sociais de passageiro sendo arrastado para fora do avião da United Airlines, no início de 2017, trouxe uma estimativa de custo de US$ 1 bilhão para a companhia aérea.
- Impacto do acidente ambiental provocado pela Samarco fez a Vale, uma das suas duas acionistas, ser excluída do Índice de Sustentabilidade Empresarial (ISE), ser rebaixada por empresas de risco e gerou mais de R$ 20 bilhões em multas impostas pelo governo federal contra a empresa e seus acionistas.
- A divulgação de que mais de 11 milhões de carros tiveram seus sistemas de emissão de gases adulterados levaram a Volkswagen a perder € 20 bilhões de valor de mercado em dois dias e a ter o primeiro prejuízo trimestral em mais de 15 anos (Tledo, 2015).
- A ação da Polícia Federal denominada "Carne Fraca" trouxe desdobramentos negativos para a JBS e BRF, com perda de confiança perante os consumidores.
- A Johnson & Johnson enfrentou, em 1982, uma crise quando cápsulas do comprimido Tylenol foram envenenadas nas prateleiras com cianeto e acabaram sendo compradas pelos consumidores. A empresa administrou a crise divulgando o ataque e divulgando todo o esclarecimento necessário para a população.
- A crise vivida pela BP, petroleira britânica, com o derramamento de mais de 800 milhões de litros de óleo no Golfo do México levou a empresa a ver seu valor de mercado reduzido em US$ 60 bilhões.

Então, seja pela ação das mídias tradicionais, com o jornalismo investigativo de qualidade, ou pela ação das mídias sociais, a empresa precisa, constantemente, monitorar seu contexto e o que expressam e falam seus *stakeholders*. Aliás, no mundo em que a expressão "pós-verdade" foi eleita a palavra do ano de 2016 e os estudos apontam que, aproximadamente, 40% das pessoas divulgam informações falsas, seja pela falta de checagem, por descuido ou por má-fé, todo cuidado é pouco.

Conforme apresentado por Menezes (2011b), a eficaz gestão da reputação reduz conflitos, ajuda a empresa a lidar com a diversidade, gera valor e benefícios mútuos. Essa gestão é realizada pelo alinhamento entre a visão estratégica da empresa, sua cultura organizacional e as percepções dos *stakeholders*. Já os riscos que podem causar danos à reputação têm impacto direto na organização como um todo, afetando sua credibilidade, seu desempenho financeiro, reduzindo o apoio dos seus *stakeholders* e sua capacidade de reunir diferentes públicos em prol de uma causa comum. Geralmente, originam-se no *gap* existente entre a reputação conquistada pela empresa e sua realidade, nas mudanças nos valores e expectativas dos seus públicos de interesse ou na falta de ação e alinhamento interno. Esses riscos baseiam-se em eventos ou fatos contextuais que podem levar a empresa a perder a predisposição de seus públicos para apoiá-la e, em consequência, a reduzir valor e a aumentar seus custos internos devido ao tempo, energia e trabalho que terão de ser investidos para recuperar essa predisposição.

Como vimos nos exemplos anteriores, quando uma crise aparece, grupos se formam ou se reúnem para tomar atitudes a respeito de uma marca e no contexto das interações digitais entre consumidores ("muitos para muitos" conforme explorado no capítulo 3). Por meio de comunidades ou perfis nas redes sociais, toda a movimentação acontece rapidamente e pode ter um impacto significativo e negativo na reputação da empresa. A tecnologia favoreceu a opinião pública ao dar voz e importância a cada opinião de qualquer indivíduo que se manifeste conta ou a favor de determinada marca.

Crises acontecem a partir de um fato gerador, que pode acontecer dentro da empresa ou a partir de sua operação no mercado. O fato gerador é o motivador específico de uma crise: um boato, uma denúncia, um processo operacional, uma falha ou outro problema que pode ser repercutido perante diferentes *stakeholders* da organização – por exemplo, um acidente envolvendo a planta de produção de uma empresa e que deixou funcionários feridos, ou a descoberta da venda de um lote de produtos alimentícios contaminado com substâncias nocivas à saúde. Conforme Martha Gabriel (2010) explicita, quando esse fato gerador repercute nas redes sociais, chamamos de "crise em redes".

Também existem casos em que a própria má administração da presença da empresa nas redes sociais digitais configura-se como o fato gerador – aí temos a chamada "crise de redes", no entendimento de Gabriel (2010) – por exemplo, quando uma marca exclui comentários publicados em sua página institucional no Facebook e que demonstram opiniões desfavoráveis ao seu produto para garantir que só haja elogios sobre a marca nesse canal de relacionamento com o público.

Vamos apresentar, a seguir, os principais pilares da gestão de crise para avançarmos a discussão do tema.

Pilares da gestão de crises

Conforme Pimentel (2016) nos explica, gestão de crise compreende todo o processo de planejamento prévio e elaboração de um plano de ações de caráter preventivo. Já o gerenciamento da crise representa o conjunto de ações desenvolvidas no momento em que a crise de marca já se instalou. Vamos tratar, a seguir, dos pilares da gestão de crise para – na última seção deste capítulo – aplicar tais conhecimentos dentro do exemplo de uma metodologia de gerenciamento de crise.

Na figura 65, apresentamos os principais pilares da gestão de crises: planejamento, governança, comunicação e ação rápida. Repare que os três primeiros devem acontecer para que, na interseção, o último pilar seja possível. Vamos detalhar cada um dos pilares.

Figura 65
Os pilares da gestão de crise

Planejamento significa conhecer e compreender os pontos de contato da marca com seus diferentes *stakeholders*, principalmente com os consumidores e o público em geral, e gerar um documento contendo estratégias e táticas para o monitoramento, identificação de possíveis situações de crise e formatos de ação da marca em relação ao problema (responder imediatamente, responder em um segundo momento ou não responder). Mapear eventos ou acontecimentos da empresa que serão possíveis cenários para fatos geradores de crises faz parte do processo de planejamento. Por exemplo, datas de lançamento de novos produtos, cronograma de publicação de relatórios públicos da empresa (como balanço fiscal, relatório de sustentabilidade, entre outros), inauguração de novas filiais ou atuação em novos segmentos de mercado. Para o planejamento ser bem-sucedido, dependerá de governança para prover sua aplicação e de comunicação para definir o que será entregue em termos de conteúdos e em quais canais de comunicação.

Governança é a definição de um comitê de crise, uma equipe multidisciplinar interna da empresa, responsável pela estratégia de gestão dos canais em que a crise se dá e para onde ela pode se propagar. Advinda dos pressupostos da governança corporativa e da governança de TI, a governança de crises irá mapear todos os canais proprietários da empresa e definir fluxos de processos de gestão, especificando os papéis de cada membro do comitê num momento de crise e sua interação com as diferentes áreas corporativas, como: jurídica, recursos humanos, tecnologia, comunicação, marketing, operações, logística e outras. A governança irá complementar o pilar do planejamento, definindo respostas para as seguintes perguntas no momento de gestão: "quem?", "quando?", "como?" e "onde?".

Comunicação é a definição dos tipos de conteúdo que serão utilizados em um momento de crise, seus formatos e canais de veiculação aos *stakeholders*. Esse pilar complementa diretamente o monitoramento de canais do planejamento e é ativado por meio da estrutura de governança definida.

E, por fim, a ação rápida que, na realidade, é uma consequência da aplicação dos três pilares anteriores. Não será possível responder rapidamente aos diferentes tipos de *stakeholders* que demandam retorno da empresa em um momento de crise se não houve um planejamento de como e quando fazer, uma governança definindo quem irá fazer e uma comunicação especificando o que será feito. Veremos mais adiante como esses pilares podem ser aplicados na prática.

Influenciadores digitais e a gestão de crises

Cada vez mais, profissionais de marketing e *branding* recorrem a influenciadores digitais para auxiliar na construção de uma imagem positiva para as marcas, estimulando o engajamento de *stakeholders* (principalmente clientes ou público em geral) e minimizando os impactos negativos de possíveis crises. Vieira (2016) nos lembra:

> Marcas estão se apegando aos influenciadores por diversas razões. Uma delas é que muitas pessoas, sobretudo os mais jovens, se inspiram em suas personalidades digitais favoritas (que reúnem milhões de seguidores em plataformas como YouTube, Instagram e Snapchat) como referência para tudo. As marcas procuram então se conectar a esse público usando, como intermediária, a confiança que ele deposita nessas personalidades. [...] Outra razão para as empresas usarem celebridades digitais é tentar combater o bloqueio – seja tecnológico, psicológico ou moral – às peças publicitárias, cada vez mais rejeitadas pelo público.

Em linhas gerais, um influenciador é

> aquele que transmite uma mensagem e essa tem um impacto nas ideias e práticas de outras pessoas. É alguém que passa informações, insights e opiniões, levados em consideração por quem recebe aquele conteúdo [Barreira Junior, 2012].

Existem três tipos de influenciadores, segundo Ishida (2016a, 2016b):

- *broadcaster* – perfil com bastantes seguidores, cuja mensagem atinge muitas pessoas simultaneamente e tendem a se replicar em outras pequenas redes. Os influenciadores desse grupo possuem seguidores muito acima da média (tendo como referência a média na área de atuação do perfil ou o público-alvo estabelecido), recebem comentários de seguidores com foco no conteúdo do que publicam ou em sua imagem pessoal e geram alto volume de interações (comentários e replicações). Os *broadcasters* recebem convites e propostas de marcas para participar de eventos ou receber brindes e presentes, que serão expostos em seus perfis nas redes sociais, o que pode representar uma grande audiência para a marca. Não precisam ser celebridades, necessariamente, pois diversos perfis populares representam uma audiência muito grande para seus públicos-alvo. No exemplo da figura 66, temos uma postagem de 2017 feita pela atriz Bruna Marquezine e patrocinada pela marca de cosméticos Eudora (Grupo "O Boticário"), em seu perfil do Instagram, com mais de 370 mil reações (curtidas) entre seus mais de 22 milhões de seguidores.

Figura 66
Publicação patrocinada no perfil de Bruna Marquezine no Instagram (11 set. 2017)

Fonte: <https://www.instagram.com/p/BY6LSf9nNpR/>

- *conector* – perfil de influenciador com diversas conexões com outros influenciadores (em sua maioria, *broadcasters*). Os conectores demonstram poder de persuasão perante seus seguidores e podem ser utilizados para atingir os perfis mais populares e também conectar-se com grupos distintos, espalhando tendências e estimulando a conversa entre diferentes tribos de seguidores. Um exemplo de conector, retratado na figura 67, é o perfil Hugo Gloss, que transita entre celebridades e é referência de tendências para *broadcasters*. Ao mesmo tempo, também é *broadcaster*, pelo volume de sua audiência no Instagram (mais de 9,5 milhões de seguidores).

Figura 67
Perfil de Hugo Gloss no Facebook, exemplo de conector, em postagem com a atriz ganhadora do Emmy, Claire Foy (18 set. 2017)

Fonte:<https://www.facebook.com/HugoGloss/photos/a.10150098833201146/10154918677906146/>

- *legitimador* – é referência dentro da área em que atua. Os legitimadores são, geralmente, os primeiros nomes a serem lembrados quando os usuários procuram por uma informação, recomendação ou inspiração dentro de um estilo de vida. Podem representar uma determinada tribo de consumidores (influenciam audiência de nicho) ou ser referências para assuntos técnicos (normalmente com poucas publicações e menos seguidores). O exemplo da figura 68 é do perfil no Instagram do empreendedor Gustavo Caetano, fundador da SambaTech com mais de 37,6 mil seguidores, um legitimador (pois influencia a tribo dos jovens empreendedores brasileiros) e também um conector (se conecta a diversos empresários e profissionais de renome, de diversos segmentos).

Figura 68
Exemplo de perfil legitimador – Gustavo Caetano (13 set. 2017)

Fonte: <https://www.instagram.com/p/BY_MBncBjkv/>

As marcas contratam influenciadores para que emprestem sua imagem ao produto ou serviço e compartilhem parte de sua reputação com a empresa. A escolha de influenciadores pelas marcas deve ser realizada de acordo com as características da pessoa e alinhada com os objetivos de comunicação da marca. "Por exemplo, verificar se o influenciador não demonstrou rejeição pela marca ou se o influenciador é consumidor (ou tem afinidade) do produto que irá divulgar" (Ishida, 2016b:268-269), porém, em alguns casos, a escolha não é bem planejada e o influenciador acaba por contaminar negativamente o público relacionado à marca. Um exemplo assim aconteceu em fevereiro de 2017, quando o maior *youtuber* do mundo, Felix Kjellberg, do canal PewDiePie, publicou vídeos com menções antissemitas na tentativa de fazer humor. Seu contrato com a Disney foi cancelado e o próprio YouTube cancelou a segunda temporada de uma *webserie* que seria feita com ele.

Assim, as marcas devem procurar pesquisar a fundo sobre influenciadores que desejem contratar e, além disso, buscar aqueles que possuam uma audiência de acordo com o tipo de público que sua mensagem deseja alcançar. Existem influenciadores *broadcasters* que atingem milhões de seguidores, porém podem custar também centenas de milhares de reais para serem contratados. Do outro lado, existem influenciadores legitimadores e até conectores que, por um orçamento muito menor, podem atingir exatamente o tipo de público com o qual uma marca deseja se comunicar. Isso garante mais assertividade e minimiza a chance de crises de marca relacionadas à má interpretação do público em relação ao tipo de mensagem propagada pelo influenciador.

Vamos finalizar este tópico com o exemplo de uma empresa brasileira que oferece para as empresas (e agências de publicidade) a possibilidade de buscar e encontrar influenciadores de nicho, por meio de um mecanismo de avaliação de sua audiência estimada e de sugestão de precificação do serviço do influenciador.

Na figura 69, temos um exemplo da tela de pesquisa da ferramenta criada pela empresa brasileira Celebryts, que ajuda marcas a encontrarem nas redes sociais YouTube e Instagram influenciadores que sejam mais adequados às necessidades de comunicação digital das empresas.

Passaremos, a seguir, ao último tópico deste capítulo, em que exemplificaremos algumas metodologias e procedimentos para o gerenciamento das crises de imagem de marca, nos ambientes digitais.

Figura 69
Exemplo de tela da ferramenta Celebryts, que
encontra influenciadores para campanhas
de *branding* nas redes sociais

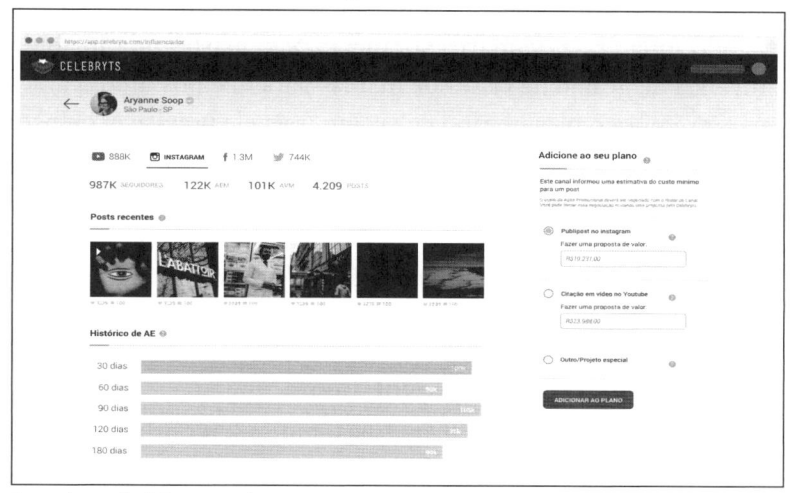

Fonte: https://celebryts.com/

Metodologias e procedimentos para gerenciar crises

A crise de imagem de marca segue algumas etapas que devem ser conhecidas e gerenciadas pelos profissionais de marketing e *branding*. Na figura 70, temos a representação do ciclo de uma crise, que será detalhado na sequência.

Figura 70
O ciclo de uma crise

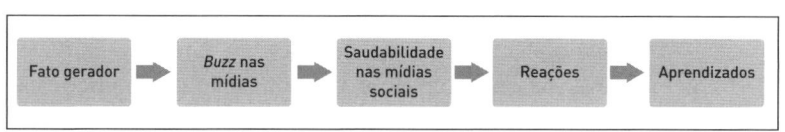

Fato gerador → *Buzz* nas mídias → Saudabilidade nas mídias sociais → Reações → Aprendizados

Fonte: Secom (2015:100).

Tudo se inicia com um fato gerador, conforme já visto neste capítulo, que é o motivador específico de uma crise. Há maneiras de interpretar fatos geradores, pois diferentes situações acabarão demandando diferentes reações. Então, como saber exatamente quando uma crise de marca se inicia? Não existe uma fórmula universal de gestão de crises de marcas para que possamos caracterizar sempre o mesmo tipo de evento (seja ele previsível ou não) como sendo um fato gerador. Isso acontece porque cada mercado de atuação demanda operações específicas de cada empresa, de acordo com seu porte, segmentação e variedade de produtos ou serviços oferecidos, entre outros fatores. "Na prática, o que acaba definindo uma situação de crise é justamente a audiência, seja ela concreta ou ainda potencial, e os consequentes danos que podem ser causados à marca" (Secom, 2015:100).

O segundo momento é o *buzz* nas mídias (ou burburinho nas mídias), que significa:

> o volume de menções, citações ou diálogos sobre um determinado assunto, seja ele sobre a marca em si, ou sobre o conteúdo referente a uma crise específica. Os efeitos de qualquer crise são diretamente vinculados à mensuração do *buzz*, de forma que, quanto maior ele ficar, maiores serão os riscos a serem enfrentados [Secom, 2015:102].

Para Gabriel (2011), os principais indicadores a serem considerados para a identificação de que se há, ou não, uma crise de imagem de marca são:

- frequência – qual a periodicidade do aparecimento das menções ao fato;
- velocidade – o quão rápido é a propagação das menções ao fato;
- alcance – em até qual extensão o fato é mencionado;

- visibilidade – o quão profundas (detalhadas) as menções ao fato são;
- permanência – em qual o período de tempo total as menções ao fato acontecem.

Devemos, então, estar atentos às menções sobre determinada marca, nos ambientes digitais, para avaliar como esses indicadores se comportam. Também devemos relacionar palavras-chave negativas para averiguar se estas aparecem junto com as menções à marca, indicando críticas, descontentamento, reclamações diretas ou até ofensas. Além disso, identificar momentos no calendário de operação da empresa que possam resultar em potenciais crises, dependendo das interpretações que as ações terão por parte de grupos de *stakeholders*. Exemplos: lançamento de um novo produto, a inauguração de uma nova unidade da organização (como uma planta de produção), assinatura de um convênio com outra organização ou com o governo, entrada em um novo segmento de mercado de consumo, publicação do balanço fiscal ou do relatório de sustentabilidade, entre outros.

A terceira etapa é a "saudabilidade" nas mídias sociais, ou a avaliação do quão saudável a marca se encontra a partir das menções positivas ou neutras a ela e se a crise se instaurou. O objetivo aqui é avaliar o risco e checar se vale a pena a marca reagir de alguma forma ou se o *buzz* não foi forte o suficiente para iniciar uma crise de imagem de marca. Webber (2012) reforça que devemos priorizar o risco de impacto à marca avaliando sua probabilidade (a chance de que algo ruim vai acontecer) e comparando-a com o impacto relacionado (efeitos e consequências negativas esperadas caso esse evento ruim aconteça).

Vale lembrar que "não existe uma fórmula universal aplicada para a mensuração de crises" (Secom, 2015:102); por isso a variedade de *softwares* que oferecem monitoramento e análise de menções é enorme. Um gestor de marketing e *branding* tem diversas opções de sistemas para escolher, dependendo do nível de relatórios que pretende gerar ou da complexidade do cruzamento de indicadores. Alguns exemplos de soluções disponíveis no ano de 2017 são: BuzzSumo, Fanpage Karma, Hootsuite e SocialBakers. Na figura 71, apresentamos um exemplo de como a ferramenta Hootsuite pode apresentar um painel de análise de menções (*dashboard*) para um gestor de marketing ou *branding*.

Figura 71
Exemplo de um painel de análise (*dashboard*) de menções na ferramenta Hootsuite

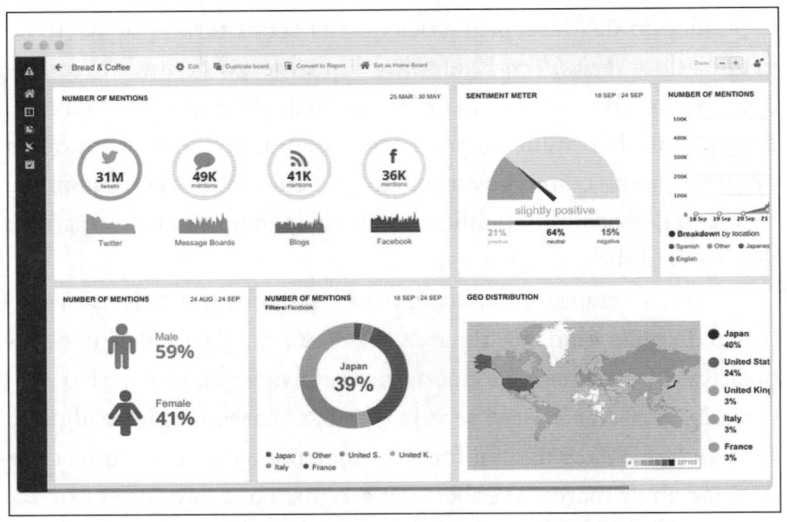

Fonte: Hootsuite Insights. Disponível em: <https://hootsuite.com/id/produk/insights>.

Vamos apresentar aqui uma fórmula simples de averiguar o impacto que a crise está gerando na imagem da empresa no momento presente. Basta somar as menções positivas ou neutras à marca e dividir pela totalidade de menções obtidas. Menções positivas são aquelas cujo conteúdo elogia ou é amigável para com a empresa ou marca (exemplos: "Adorei conhecer a nova loja EFG", "Parabéns pelo excelente trabalho"). Já menções neutras são perguntas ou comentários citando a empresa ou marca sem a presença de adjetivos positivos, como quando alguém deseja simplesmente pedir uma informação (por exemplo: "Como posso trabalhar na empresa XYZ?" ou "Onde encontro o produto ABC?").

Aplicando fórmula num exemplo: se a marca tiver 1 mil menções nas mídias sociais em um determinado intervalo de tempo, das quais 500 são positivas, 200 neutras e 300 negativas, seu índice de saudabilidade (iS) será: iS = (500 + 200) / 1.000 = 0,7 = 70%.

O ideal é que esse cálculo seja feito mensalmente ou quinzenalmente (mas, dependendo da dinâmica do mercado de atuação da marca, a periodicidade pode ser até semanal ou menor), para que a marca possa ter um histórico de sua saudabilidade ao longo de um período maior e possa, assim, ter um parâmetro de comparação quando uma crise aparecer. Normalmente, quando a crise se instaura, o iS tende a despencar rapidamente. Se, por exemplo, a saudabilidade da marca calculada no exemplo anterior cair para 50% e se recuperar para 60% após algumas semanas, não crescendo além desse patamar, o dano concreto à marca no médio prazo fica já estabelecido em 10% da percepção saudável da marca nas redes. Também é importante reforçar que este cálculo não pode ser aplicado em casos críticos, em que quase a totalidade das menções à marca é negativa.

A quarta etapa do ciclo é composta pelas reações, ou seja, a conduta da marca perante seus públicos, no momento de crise, para gerenciar a situação e mitigar os possíveis efeitos negativos em sua reputação. Como cada crise demanda formas específicas de reação, é impossível criar uma diretriz única de conduta. Aqui entra a aplicação dos pilares e gestão de crises, vistos anteriormente neste capítulo: planejamento, governança, comunicação e, como consequência da interseção, ação rápida.

Gabriel (2011) nos lembra de que o gerenciamento da crise deve ser:

- aberto – nada pode ser escondido do público em geral e dos principais *stakeholders* envolvidos;
- rápido – reduzindo um possível vácuo informacional que se forma velozmente nos ambientes digitais;
- verdadeiro – somente fatos verdadeiros devem ser utilizados;
- amplamente comunicado – utilizando múltiplas plataformas, principalmente aquelas em que os *stakeholders* estão e não apenas o primeiro canal onde o fato gerador apareceu primeiro.

Webber (2012), por sua vez, sugere as seguintes ações:

- crie uma estrutura de tomada de decisão (fluxos);
- desenvolva a governança (papéis e responsabilidades);
- tenha uma equipe dedicada (alocando recursos e garantindo disponibilidade);
- proteja a empresa e o empregado com um conjunto de políticas (código de conduta, termos de uso, termos de privacidade etc.);
- adote ferramentas apropriadas (monitoramento, publicação etc.).

Assim, o planejamento previamente realizado será aplicado de acordo com o contexto experimentado no momento do desenrolar da crise. É fundamental que o monitoramento de menções da marca seja mantido, pois "deve-se sempre considerar que um dos efeitos colaterais de se reagir publicamente a qualquer crise é divulgar sua existência e ampliar seu potencial viral" (Secom, 2015:104).

Para auxiliar a implantação da governança, recomendamos o desenvolvimento de uma matriz de responsabilidades, também conhecida como matriz RACI (*responsible, accountable, consulted, informed*), advinda do campo da gestão de projetos.

Conforme explica Veras (2014), a matriz RACI condensa as responsabilidades dentro de um determinado projeto (nesse caso, a gestão de uma crise de imagem de marca), deixando explícito o que cada pessoa envolvida dentro da organização deve fazer num processo ou atividade.

No lugar de uma nomenclatura hierárquica ou utilização de seus nomes próprios, as pessoas envolvidas na matriz devem assumir papéis (ou funções) no contexto da gestão de crise. Um exemplo: no lugar de "analista sênior III" ou "João Roberto", utilizar "editor do *site*" como um papel atribuído àquela pessoa, naquele momento de crise, para que ela possa desempenhar determinada função relacionada. Essa observação é importante, pois caso o João Roberto saia da empresa ou mais um analista sênior III seja contratado para a equipe, a pessoa que assumir o papel "editor do *site*" saberá exatamente qual é sua função nos processos de gestão de crise.

Quadro 11
Exemplo de matriz RACI

Governança de gestão de crise da empresa XYZ	Editor do *site*	Redator do *site*	Designer	Gestor do Comitê de Crise	Representante do RH	Representante do Jurídico	Representante da Comunicação Corporativa	Coordenador de Comunicação	Representante da TI
Site									
Explicação sobre a origem do problema	A	R	C	I				I	I
Resposta dos comentários	C	C		C	I	C	R	A	I

Legenda:
- Responsible
- Accountable
- Consulted
- Informed

Conforme observamos no quadro 11, na matriz RACI são definidos quatro tipos de atribuições possíveis para os papéis que irão atuar dentro dos processos de gestão de crise:

- *responsible*: é o responsável, quem executa a atividade ou o processo. Pode haver mais de um *responsible*, apenas quando trabalham em conjunto naquela atividade ou processo;
- *accountable*: é quem responde pela atividade ou processo, aquele que demanda do *responsible* e que será cobrado pelo bom andamento do trabalho deste. Para cada atividade ou processo, só pode haver um papel direcionado como *accountable*;
- *consulted*: um ou mais papéis que precisam ser consultados durante o processo ou atividade, seja para fornecer algum tipo de dado ou informação como subsídio, validar uma etapa ou expressar *feedback* ou opiniões que serão utilizados diretamente no processo. Um ou mais papéis podem assumir essa função, porém cada um deverá cumprir o que lhe for demandado para que o processo continue a ser executado (por exemplo, enviar uma imagem para o *responsible* utilizar ou aprovar um texto);
- *informed*: pessoas que precisam ser informadas sobre alguma coisa durante a realização do processo, seja no início, no seu decorrer ou no seu final. Quem é informado apenas recebe um aviso e não realiza ações das quais o processo dependa para continuar a ser executado (por exemplo, aprovar um *layout*). Um ou mais papéis também podem ter essa função, dependendo do processo.

Atribui-se um tipo de ação para cada papel (colunas) envolvido no processo em questão (linhas). A matriz RACI acaba condensando as responsabilidades de cada ator, em cada processo, durante a aplicação da gestão de crises de imagem da marca.

Para aplicação da governança e do planejamento, sugerimos que a comunicação utilize um FAQ (*frequently asked questions*, ou perguntas frequentemente feitas) previamente estruturado e que este seja atualizado no decorrer do gerenciamento da crise. FAQ é uma listagem com as principais perguntas e respostas relacionadas à empresa, sua marca, seus produtos/serviços e sua atuação no mercado. Caso a empresa não tenha passado por crises anteriores e não haja um conjunto de "lições aprendidas" para ser aproveitado na geração de um FAQ, recomendamos que sejam feitas simulações de perguntas relacionadas à organização e sua operação em momentos de crise. Por exemplo, simular os tipos de perguntas que os diversos tipos de *stakeholders* fariam após um acidente de grandes proporções em uma das fábricas da empresa. Ao simular perguntas e situações, consegue-se organizar um conjunto de respostas que será utilizado como base para atender aos anseios dos públicos em um momento de crise real. É claro que não será possível simular todas as perguntas que seriam feitas no momento de crise, mas um FAQ já ajuda a empresa a se programar e se preparar para um fluxo diverso de interpretações e diálogo nos canais de comunicação.

A última etapa do ciclo de crises é o aprendizado. Afinal, mesmo que toda crise de imagem e reputação cause danos, em alguns casos eles podem acabar se revertendo em algo positivo para a marca (dependendo da atitude tomada pela empresa). Por isso, sempre é possível extrair alguns aprendizados importantes das crises, "para que erros ao longo do processo não sejam cometidos nas próximas ocorrências e, assim, construir um banco de informações útil à gestão de crises" (Secom, 2015:105). O aprendizado vai ajudar a organização a se preparar para um novo momento de crise em termos de ajustes e correções em seu planejamento da gestão.

Webber (2012) destaca que, além das revisões regulares, as avaliações de risco e estratégias de mitigação devem ser revistas ou atualizadas nas seguintes circunstâncias:

- introdução de um novo canal no cotidiano de uso pelos *stakeholders*;
- surgimento ou solidificação de uma nova tecnologia (o que deve conduzir a avaliação do risco é o canal ou a adoção da plataforma por parte dos clientes da organização);
- identificação de uma nova ameaça.

Terminamos, assim, o quinto e último capítulo deste livro. Até aqui percorremos os principais conceitos e pilares estratégicos para a gestão dos riscos associados à reputação das marcas e vimos o quanto uma estratégia de influenciadores pode ajudar empresas a minimizar os efeitos de uma crise. Encerramos com algumas metodologias e procedimentos de gerenciamento da crise para aplicação prática por gestores de marketing e *branding*.

Reforçamos que o tema gestão de crises não se esgota facilmente; então convidamos você a aplicar os pressupostos aqui descritos e, principalmente, validar sua própria metodologia de gestão de crises na empresa em que trabalha. Afinal, não há uma receita de bolo pronta para a gestão de crises de imagem e reputação. Nas palavras de Philip Kotler (2011:127), "dá-se muita atenção ao custo de se realizar algo, e nenhuma ao custo de não realizá-lo".

Conclusão

Procuramos, neste livro, transmitir os conceitos básicos da gestão de marcas e da reputação corporativa. Para isso, trouxemos também discussões relacionadas ao marketing 3.0 e à gestão sustentável, dois temas muito presentes na atualidade e que se relacionam diretamente com a construção de uma marca e com a gestão de sua reputação, inclusive nos ambientes digitais.

Quanto mais próximos e integrados estiverem esses conceitos dentro de seus estudos, leitor, melhor será sua percepção a respeito do sucesso de uma marca e de como se dá a construção da reputação. Afinal, todos nós construímos e gerenciamos os "universos simbólicos" das marcas, direta ou indiretamente, pois somos parte da sociedade de consumo e interagimos frequentemente com as marcas e seus discursos.

Nos capítulos 1 e 2 deste livro, debruçamo-nos sobre conceitos iniciais de marca, *branding*, reputação e valoração. Logo depois, percorremos os contextos da sustentabilidade como cenário para a gestão das marcas, que representam uma importante chance para o país crescer e construir as bases para um desenvolvimento consistente. Deixando o foco do curto prazo e pensando também em nossa perenidade, entendemos a relevância de identificar e priorizar os principais públicos das organizações, ou seus *stakeholders*, e definir o engajamento das marcas para com estes.

Nos capítulos 3 e 4, detalhamos o conceito do marketing 3.0 e sua relação com o *branding*, para discutirmos como as empresas podem adotar uma postura sustentável como geradoras de valor compartilhado para seus diferentes públicos de interesse. Ressaltamos que as mídias sociais podem ter um papel mais específico ainda dentro do conceito do marketing 3.0 ao permitirem que os próprios consumidores recebam as ideias da empresa e possam cocriar com elas, para entregar valor em suas vidas e contribuir com o desenvolvimento sustentável da sociedade. Na sequência apresentamos o tema reputação, seus vetores de formação e os pontos positivos advindos da reputação conquistada.

Fechamos o capítulo 5 com um apanhado sobre a gestão de crises de marca e algumas metodologias de aplicação prática para gestores de marketing e de marca. Vimos que não será possível responder rapidamente aos diferentes tipos de *stakeholders* que demandam retorno da empresa em um momento de crise de imagem de marca se não houver um planejamento de como e quando fazer, uma governança definindo quem irá fazer e uma comunicação especificando o que será feito.

Esperamos, assim, que este livro o estimule, seja como profissional de marketing ou de *branding*, a aplicar os conceitos aqui presentes dentro de suas próprias organizações (seja como colaborador ou como empreendedor), para que as marcas que as representam possam entregar, não somente discursos, mas elementos emocionais e simbólicos que contribuam para uma sociedade de consumo mais consciente de seu papel perante o futuro da humanidade e deste planeta.

Referências

AAKER, David. *Marcas*: *brand equity*: gerenciando o valor da marca. São Paulo: Elsevier, 1998.

_____. *On branding*. Porto Alegre: Bookman, 2015.

ACCOUNTABILITY. *AA1000 Stakeholder Engagement Standard (AA-1000SES)*. Nova York: AccountAbility, 2015. Disponível em: <www.accountability.org/standards/>. Acesso em: 25 jun. 2017.

ALMEIDA, Ana Luisa. *A construção de sentido sobre "quem somos" e "como somos vistos"*: faces da cultura e da comunicação organizacional. São Caetano do Sul: Difusão, 2006.

_____ et al. Reputação, estratégia e competitividade: os desafios da reputation economy. *Revista DOM*, Belo Horizonte, ed. 23, 2014.

ARGENTI, Paul. *Comunicação empresarial*: a construção da identidade, imagem e reputação. Rio de Janeiro: Campus, 2006.

ASHLEY, Patricia Almeida. Ética e responsabilidade social nos negócios. 2. ed. São Paulo: Saraiva, 2016.

ATKIN, Douglas. *O culto às marcas*: quando clientes se tornam verdadeiros adeptos. São Paulo: Cultrix, 2007.

BARBIERI, J. C. et al. Inovação e sustentabilidade: novos modelos e proposições. *Revista de Administração de Empresas (RAE)*, v. 50, n. 2, p. 46-154, abr./jun. 2010.

BARREIRA JUNIOR, Eliseu. Como definir um influenciador nas mídias sociais. *Webinsider*, jan. 2012. Disponível em: <https:

//webinsider.com.br/2012/01/18/como-definir-um-influenciador-
-nas-midias-sociais/>. Acesso em: 1 ago. 2017.

BEDENDO, Marcos. *Branding para empreendedores*. São Paulo: MBooks, 2015.

BERLATO, Larissa; SAUSSEN, Fabiane; GOMEZ, Luiz S. R. A sustentabilidade empresarial como vantagem competitiva em branding. *Revista DAPesquisa*, Udesc, v. 11, n. 15, p. 24-41, 2016. Disponível em: <http://dx.doi.org/10.5965/1808312911152016024>. Acesso em: 15 jun. 2017.

BRUNDTLAND, G. et al. *Our common future*: The World Commission on Environment and Development. Nova York: ONU, 1987.

CARLUCCI, Alessandro. Boa reputação da empresa nas lições de Setúbal e Carlucci. *Ensino Social Profissionalizante (Espro)*, 2013. Disponível em: <www.espro.org.br/noticias/empresas/1595-
-14jun-boa-reputacao-da-empresa-licoes-de-setubal-e-carlucci>. Acesso em: 20 dez. 2017.

CARVALHAL, Andre. *Moda com propósito*: manifesto pela grande virada. São Paulo: Paralela, 2016.

CARVALHO, Fernanda. *Marca, imagem e reputação*. São Paulo: Boa Prosa, 2012.

CASTELLO, Daniel. Na briga de Bob's e McDonald's pelo Ovomaltine, quem perde é o consumidor. *Folha de S.Paulo*, 28 set. 2016. Disponível em: <www1.folha.uol.com.br/sobretudo/negocios/2016/09/1817743-na-briga-de-bobs-e-mcdonalds-
-pelo-ovomaltine-quem-perde-e-o-consumidor.shtml>. Acesso em: 18 dez. 2017.

CELEBRYTS. *Fale diretamente com os influenciadores*. 2017. Disponível em: <https://celebryts.com/>. Acesso em: 1 set. 2017.

CHESBROUGH, Henry. *Inovação aberta*: como criar e lucrar com a tecnologia. Porto Alegre: Bookman, 2012.

CHIOZZOTTO, Sueli. Conheça o FTSE4Good. *Sustentabilidade e Resultados*. 15 set. 2011. Disponível em: <www.sustentabili-

daderesultados.com.br/conheca-o-ftse4good/>. Acesso em: 2 abr. 2018.

COCA-COLA BRASIL. Coletivo Jovem: programa cria pontes entre jovens de 16 a 25 anos e mercado de trabalho. *Coca-Cola Journey*, 29 nov. 2016. Disponível em: <www.cocacolabrasil.com.br/packages/coletivo-jovem-programa-cria-pontes-entre-jovens-e-mercado-de-trabalho>. Acesso em: 28 jun. 2017.

_____. Sustentabilidade. *Coca-Cola Journey* [s.d.]. Disponível em: <http://www.cocacolabrasil.com.br/sustentabilidade>. Acesso em: 1 jul. 2017.

COMISSÃO MUNDIAL SOBRE MEIO AMBIENTE E DESENVOLVIMENTO. *Nosso futuro comum*. 2. ed. Rio de Janeiro, FGV Ed., 1991.

COMUNICAÇÃO corporativa. Reputação em crise: os danos à imagem provocados pela falta de ética e transparência. *Valor Econômico Setorial*, São Paulo, nov. 2015.

DAHLANDER, Linus; PIEZUNKA, Henning. Why some crowdsourcing efforts work and others don't. Harvard Business Review, 21 fev. 2017. Disponível em: <https://hbr.org/2017/02/why-some-crowdsourcing-efforts-work-and-others-dont>. Acesso em: 6 ago. 2017.

2016 BATE novo recorde de ano mais quente da história. *G1.com*, 18 jan. 2017. Disponível em: <http://g1.globo.com/natureza/noticia/2016-bate-novo-recorde-de-ano-mais-quente-da-historia.ghtml>. Acesso em: 19 jun. 2017.

ECYCLE. *Saiba o que é greenwashing* [s.d.]. Disponível em: <www.ecycle.com.br/component/content/article/35-atitude/2094-definicao-o-que-como-traducao-greenwashing-estrategias-marketing-propaganda-consumo-produtos-servicos-atitude-apelo-ambiental-enganosa-empresas-consciencia-ambiental-casos-exemplos-cuidados.html>. Acesso em: 21 jul. 2017.

EDELMAN SIGNIFICA. *Estudo Earned Brand 2016*. Disponível em: <https://edelman.com.br/tag/earned-brand-2016/>. Acesso em: 9 jul. 2017.

_____. *Trust Barometer 2017*. Disponível em: <www.edelman.com.br/propriedades/trust-barometer-2017/>. Acesso em: 9 jul. 2017.

FORNI, João José. *Gestão de crises e comunicação*: o que gestores e profissionais de comunicação precisam saber para enfrentar crises corporativas. 2. ed. São Paulo: Atlas, 2015.

FTSE RUSSEL. *FTSE4Good Index Series:* Factsheet, ago. 2017. Disponível em: <www.ftse.com/products/indices/FTSE4Good>. Acesso em: 1 jul. 2017.

FUNDAÇÃO GETULIO VARGAS. *Índice de Sustentabilidade Empresarial (ISE)*. Disponível em: <www.isebvmf.com.br/>. Acesso em: 1 jul. 2017.

FURTADO, Tania et al. *Responsabilidade social e ética em organizações de saúde*. Rio de Janeiro: FGV Ed., 2011.

GABRIEL, Martha. *Marketing na era digital*: conceitos, plataformas e estratégias. São Paulo: Novatec, 2010.

_____. Gestão de crises na era das mídias sociais. *Slideshare*, 2011. Disponível em: <https://pt.slideshare.net/marthagabriel/gesto--de-crises-em-mdias-sociais-by-martha-gabriel>. Acesso em: 5 set. 2017.

GLOBAL REPORTING INITIATIVE. *Relatórios de Sustentabilidade da GRI*: quanto vale essa jornada, 2012. Disponível em: <www.globalreporting.org/resourcelibrary/Portuguese-Starting--Points-2-G3.1.pdf>. Acesso em: 1 jul. 2017.

GODIN, Seth. Permission marketing. *Seth's blog*, 31 jan. 2008. Disponível em: <http://sethgodin.typepad.com/seths_blog/2008/01/permission-mark.html>. Acesso em: 20 dez. 2017.

_____. *Tribos*: nós precisamos que você nos lidere. Rio de Janeiro: Alta Books, 2013.

GONZALEZ, Amélia. Nova ética social. *G1.com* [s.d.]. Disponível em: <http://g1.globo.com/natureza/blog/nova-etica-social/>. Acesso em: 25 jun. 2017.

HALL, Stuart. *A identidade cultural na pós-modernidade*. 12. ed. Rio de Janeiro: DP&A, 2014.

HARVEY, David. *Condição pós-moderna*. 22. ed. São Paulo: Loyola, 2012.

HELMIG, Bernd; HUBER, Jan-Alexander; LEEFLANG, Peter. Co-branding: the state of the art. *Schmalenbach Business Review*, v. 60, out. 2008. Disponível em: <https://ssrn.com/abstract=993470>. Acesso em: 15 dez. 2017.

HOWE, Jeff. The rise of crowdsourcing. *Wired Magazine*, jan. 2006. Disponível em: <www.wired.com/2006/06/crowds/>. Acesso em: 15 ago. 2017.

HWANG, Frank. Timberland: social media case study. Socialmedia.org case studies, n. 41. Nova York: *Slide Share*, out. 2016. Disponível em: <www.slideshare.net/socialmediaorg/timberland-social-media-case-study-presented-by-frank-hwang>. Acesso em: 26 jul. 2017.

INSTITUTO ETHOS – EMPRESAS E RESPONSABILIDADE SOCIAL. *Novo contrato social*: proposta para esta geração e para as futuras. São Paulo: Abril, 2013.

INTERBRAND. *Best brands* [s.d.]. Disponível em: <http://interbrand.com/best-brands/>. Acesso em: 16 jul. 2017.

ISHIDA, Gabriel. Influenciadores nas mídias sociais: tipologia e descoberta. In: SIMPÓSIO DE INTELIGÊNCIA QUALITATIVA EM MÍDIAS SOCIAIS, 1., 2016, São Paulo. *Anais...*. São Paulo: IBPAD, 2016a. Disponível em: <https://pt.slideshare.net/IBPAD/influenciadores-nas-midias-sociais-tipologia-e-descoberta>. Acesso em: 1 set. 2017.

_____. Influenciadores. In: SILVA, Tarcízio; STABILE, Max (Org.). *Monitoramento e pesquisa em mídias sociais*: metodologias, aplicações e inovações. São Paulo: Uva Limão, 2016b. p. 261-278.

KANTAR MILLWARD BROWN. *BrandZ^{TM}*: how we can help grow brand value [s.d.]. Disponível em: <www.millwardbrown.com/brandz/brandz>. Acesso em: 18 jul. 2017.

KAPFERER, Jean-Noel. *Strategic brand management*. Nova York: Free Press, 1992.

KELLER, Kevin L. Building customer-based brand equity: a blueprint for creating strong brands. Marketing Science Institute. *Working Paper Series* n. 01-107. MSI, 2001. Disponível em: <http://mktg.uni-svishtov.bg/ivm/resources/customerbased-brandequitymodel.pdf>.

_____; MACHADO, Marcos. *Gestão estratégia de marcas*. São Paulo: Pearson, 2006.

KOTLER, Philip. *Marketing 3.0*: as forças que estão definindo o novo marketing centrado no ser humano. Rio de Janeiro: Elsevier, 2010.

_____. *Marketing insights from A to Z*: 80 concepts every manager needs to know. Hoboken, NJ: Wiley, 2011.

_____. *Marketing 4.0*: do tradicional ao digital. Rio de Janeiro: Sextante, 2017.

_____; KELLER, Kevin L. *Administração de marketing*. 14. ed. São Paulo: Pearson, 2012.

LÉVI-STRAUSS, Claude. *O pensamento selvagem*. 12. ed. Campinas: Papirus, 2012.

LLORENTE & CUENCA. *A reputação no centro do discurso*. 2017. Disponível em: <www.llorenteycuenca.com/pt/resultados-para-la--reputacion-y-el-negocio-de-nuestros-clientes/>. Acesso em: 21 jul. 2017.

LYORTARD, Jean-François. *A condição pós-moderna*. 15. ed. Rio de Janeiro: José Olympio, 2013.

MACKEY, John. *Capitalismo consciente*. São Paulo: HSM, 2013.

MARTINS, José Roberto. *Branding*: um manual para você criar, avaliar e gerenciar marcas. 3. ed. São Paulo: Globalbrands, 2006.

MENEZES, Dario. A gestão da reputação no contexto da estratégia corporativa. *Plurale em Revista*, Rio de Janeiro, ano 3, n. 18, p. 16-17, jul./ago. 2010.

_____. Gestão de riscos reputacionais: práticas e desafios. *Revista Diálogo ESPM*, São Paulo, v. 1, n. 1. p. 16-20, 2011a. Disponível em: <http://dialogo.espm.br/index.php/dialogo/article/view/12/12>. Acesso em: 31 jul. 2017.

_____. Construindo uma estratégia vencedora. *O Globo*, Rio de Janeiro, p. 23, 20 set. 2011b. Caderno Razão Social. Disponível em: <http://performancesustentavel.com/artigos/artigo-o--globo-razao-social-uma-estrategia-vencedora/>. Acesso em: 31 jul. 2017.

MONITOR EMPRESARIAL DE REPUTAÇÃO CORPORATIVA (MERCO). *Ranking Merco Empresas Brasil*. 2016. Disponível em: <www.merco.info/br/ranking-merco-empresas>. Acesso em: 31 jul. 2017.

MITMANN, Alessandra; MONTEIRO, Daniel. Análise da relação sustentabilidade e posicionamento de marca corporativa e sua criação de valor. *Revista FAE*, v. 18, n. 2, p. 38-53, jul./dez. 2015. Disponível em: <https://revistafae.fae.edu/revistafae/article/viewFile/64/49>. Acesso em: 2 ago. 2017.

NESTLÉ. *Relatório anual de criação de valor compartilhado 2014*. Disponível em: <http://corporativo.nestle.com.br/media/pressreleases/nestle-publica-relatorio-anual-de-criacao-de-valor-compartilhado>. Acesso em: 1 jul. 2017.

NEWTON, Casey. Spotify considered ending Uber partnership amid mounting scandals. *The Verge*, 16 mar. 2017. Disponível em: <www.theverge.com/2017/3/16/14938014/spotify-internal--email-uber-partnership-concerns-sexism-scandal>. Acesso em: 15 dez. 2017.

O QUE FEZ a Disney romper com o maior youtuber do mundo. *Meio & Mensagem*, fev. 2017. Disponível em: <www.meioemensagem.com.br/home/ultimas-noticias/2017/02/14/o-que-fez-a-disney--romper-com-o-maior-youtuber-do-mundo.html>. Acesso em: 1 set. 2017.

O'TOOLE, Garson. What you do speaks so loudly that I cannot hear what you say. *Quote Investigator*: exploring the origins of quotations, 27 jan. 2011. Disponível em: <https://quoteinvestigator.com/2011/01/27/what-you-do-speaks/>. Acesso em: 20 dez. 2017.

PIMENTEL, Isabela. Gestão de crises em mídias sociais. *SideShare*, 2016. Disponível em: <https://pt.slideshare.net/isabeladpimentel/guia-para-gesto-de-crise-em-mdias-sociais>. Acesso em: 5 set. 2017.

PORTER, Michael. *Vantagem competitiva*: criando e sustentando um desempenho superior. Rio de Janeiro: Campus, 1990.

_____; KRAMER, Mark. Estratégia e sociedade: o elo entre vantagem competitiva e responsabilidade social empresarial. *Harvard Business Review*, 2010.

_____; _____. Criação de valor compartilhado: como reinventar o capitalismo e desencadear uma onda de inovação e crescimento. *Harvard Business Review*, v. 89, n. 1, p. 21-33, 2011.

PRADO, Elisa. *Reputação, riscos, crise e imagem corporativa*. São Paulo: Aberje, 2017.

PRESTON, Lee et al. The stakeholder theory of the corporation: concepts, evidence, and implications. *The Academy of Management Review*, v. 20, n. 1, p. 65-91, jan. 1995.

4 FRASES geniais de Warren Buffett que ajudam você a investir melhor. *Infomoney*, 17 fev. 2016. Disponível em: <www.infomoney.com.br/onde-investir/noticia/4622441/frases-geniais-warren-buffett-que-ajudam-voce-investir-melhor>. Acesso em: 9 jul. 2017.

REPUTATION INSTITUTE. *2017 Global RepTrak 100*. Disponível em: <www.reputationinstitute.com/research/Global-RepTrak-100.aspx>. Acesso em: 31 jul. 2017.

RIBEIRO NETO, Belmiro. *Comunicação corporativa e reputação*. São Paulo: Saraiva. 2010.

RIES, Al. *Posicionamento*: a batalha pela sua mente. São Paulo: MBooks, 2011.

ROBECOSAM. *DJSI Annual Review 2017*. Disponível em: <www.robecosam.com/en/sustainability-insights/about-sustainability/corporate-sustainability-assessment/review.jsp>. Acesso em: 1 jul. 2017.

ROCHA, Everardo. *A sociedade do sonho*: comunicação, cultura e consumo. 4. ed. Rio de Janeiro: Mauad, 1995.

_____. Cenas do consumo: notas, ideias, reflexões. *Semear*, Rio de Janeiro, n. 6, p. 69-91, jun. 2002.

ROCHA, Telma; GOLDSCHMIDT, Andrea. *Gestão dos stakeholders*. São Paulo: Saraiva, 2011.

SAMPAIO, Rafael. *Propaganda de A a Z*. 3. ed. Rio de Janeiro: Campus, 2003.

SCHEINER, Andrei. *Marcado na pele*: consumo, tatuagem e cultura de massa. Um estudo sobre as narrativas do consumo a partir das tatuagens de marcas de produtos. 2006. 162 f. Dissertação (mestrado em comunicação social) – Departamento de Comunicação Social, PUC-Rio, Rio de Janeiro, 2006. Disponível em: <http://bit.ly/tatuagensdemarcas>. Acesso em: 22 ago. 2017.

SECRETARIA DE COMUNICAÇÃO SOCIAL (SECOM). *Manual de orientação para atuação em mídias sociais*: identidade padrão de comunicação digital do Poder Executivo Federal. v. 3.0, abr. 2015. Brasília, DF: Secretaria de Comunicação Social, 2015.

TEIXEIRA, Patrícia B. *Caiu na rede. E agora?* Gestão e gerenciamento de crises nas redes sociais. São Paulo: Évora, 2013.

THE HARRIS POOL. *2017 Reputation Quocient Ratings*. Disponível em: <www.theharrispoll.com/reputation-quotient>. Acesso em: 31 jul. 2017.

TIMBERLAND. *Responsibility*: making things better. Disponível em: <www.youtube.com/watch?v=ijLAFkzZgpo>. Acesso em: 26 jul. 2017.

_____. Timberland's original yellow boots [s.d.]. Disponível em: <www.timberland.com/yellow-boot.html>. Acesso em: 26 jul. 2017.

TOLEDO, Letícia. Volkswagen perde 20 bilhões de euros em dois dias. *Exame.com*, 22 set. 2015. Disponível em: <http://exame.abril.com.br/mercados/volkswagen-perde-16-bilhoes-de-euros-em-dois-dias/>. Acesso em: 9 jul. 2017.

TUTTLE, Brad. Warren Buffett's boring, brilliant wisdom. *Time*, 1 mar. 2010. Disponível em: <http://business.time.com/2010/03/01/warren-buffetts-boring-brilliant-wisdom/>. Acesso em: 20 dez. 2017.

TYBOUT, Alice M.; CALKINS, Tim. *Branding*. São Paulo: Atlas, 2006.

UBER e Spotify fazem acordo para lista de músicas de usuário tocar no carro. *G1.com*, 17 nov. 2014. Disponível em: <http://g1.globo.com/tecnologia/noticia/2014/11/uber-e-spotify-fazem-acordo-para-lista-de-musicas-de-usuario-tocar-no-carro.html>. Acesso em: 15 dez. 2017.

VEIGA, Jose Eli. *Sustentabilidade*: a legitimação de um novo valor. Rio de Janeiro: Senac, 2010.

VERAS, Manoel. *Gerenciamento de projetos*: Project Model Canvas (PMC). Rio de Janeiro: Brasport, 2014.

VÍDEO de passageiro sendo arrastado de voo já custou quase US$ 1 bilhão para a United. *Infomoney*, 11 abr. 2017. Disponível em: <www.infomoney.com.br/mercados/acoes-e-indices/noticia/6345188/video-passageiro-sendo-arrastado-voo-custou-quase-bilhao-para-united>. Acesso em: 9 jul. 2017.

VIEIRA, Eduardo. Influenciadores, a fronteira final da publicidade. *Meio & Mensagem*, maio 2016. Disponível em: <www.meioemensagem.com.br/home/opiniao/2016/05/24/influenciadores-a-fronteira-final-da-publicidade.html>. Acesso em: 1 set. 2017.

WEBBER, Alan et al. Guarding the Social Gates: The Imperative for Social Media Risk Management. Altimeter Group, ago.

2012. Disponível em: <https://pt.slideshare.net/Altimeter/guarding-the-social-gates-the-imperative-for-social-media-risk-management>. Acesso em: 1 ago. 2017.

YOUNG & RUBICAM. *Brand Asset Valuator*: BAV Consulting. Disponível em: <www.bavconsulting.com/>. Acesso em: 19 jun. 2017.

Sites consultados

AMERICAN MARKETING ASSOCIATION. Disponível em: <www.ama.org/>. Acesso em: 16 jul. 2017.

BRAND FINANCE. Brand Valuation Consultancy. Disponível em: <http://brandfinance.com/>. Acesso em: 19 jun. 2017.

BRUNA MARQUEZINE. Disponível em: <https://www.instagram.com/brumarquezine/>. Acesso em: 11 set. 2017.

COMPANHIA VALE DO RIO DOCE (VALE). Disponível em: <www.vale.com/brasil/PT/Paginas/default.aspx>. Acesso em: 28 jun. 2017.

GREENPEACE INTERNACIONAL. Disponível em: <www.greenpeace.org/international/en/>. Acesso em: 19 jul. 2017.

GUSTAVO CAETANO. Disponível em: <https://www.instagram.com/gustavocaetano/>. Acesso em: 13 set. 2017.

HARRIS Interactive. Disponível em: <http://harris-interactive.com/>. Acesso em: 31 jul. 2017.

HUGO GLOSS. Disponível em: <https://www.facebook.com/Hugo-Gloss/>. Acesso em 18 set. 2017.

INSTITUTO ETHOS – EMPRESAS E RESPONSABILIDADE SOCIAL. Disponível em: <www3.ethos.org.br/>. Acesso em: 28 jun. 2017.

MY STARBUCKS IDEA. Disponível em: <www.starbucksmelody.com/2017/05/31/starbucks-nixes-mystarbucksidea-community-can-still-submit-ideas/>. Acesso em: 28 jun. 2017.

REPUTATION INSTITUTE. Disponível em: <www.reputationinstitute.com/>. Acesso em: 16 jul. 2017.

SUSTAINABILITY. Disponível em: <http://sustainability.com/>. Acesso em: 19 jun. 2017.

WWF BRASIL. Disponível em: <www.wwf.org.br/>. Acesso em: 19 jun. 2017.

Os autores

Andrei Scheiner
Mestre em comunicação social pela Pontifícia Universidade Católica do Rio de Janeiro (PUC-Rio), com pesquisa focada em *branding* e consumo; especialista (MBA) em marketing digital pela Escola Superior de Propaganda e Marketing (ESPM-Rio); graduado em publicidade pela ESPM-Rio. É consultor de empresas há 20 anos nas áreas de marketing, *branding*, tecnologias educacionais e governança digital. Atuou em projetos para Vale (Brasil e Canadá), Diários Associados, Operador Nacional do Sistema Elétrico (ONS), Bradesco, British Council, Conselho Internacional de Museus (Icom/Unesco) entre outras organizações. Docente há 15 anos, é professor convidado do FGV Management nas disciplinas gestão da marca & reputação corporativa; planejamento estratégico de marketing digital; branding, marketing e sustentabilidade. Mantém o site Marca e reputação <www.livromarcaereputacao.com.br>.

José Dario Menezes
Mestre em administração pelo Instituto Brasileiro de Mercado de Capitais (Ibmec/RJ); MBA em marketing de varejo pela Fundação Getulio Vargas (FGV) e pós em marketing pela Escola Superior de Propaganda e Marketing (ESPM-Rio). Tem 30 anos de experiência profissional em posições executivas em marketing e gestão

da reputação, tendo atuado na Varig, na Vale e na consultoria internacional Reputation Institute. Na FGV, é professor das disciplinas gestão da marca & reputação corporativa e branding & marketing na economia sustentável. Na FDC e ESPM é professor das disciplinas reputação e competitividade e gestão da reputação e relacionamento com stakeholders, respectivamente. Atuou como articulista do jornal *O Globo* e da revista *Plurale* de sustentabilidade. Desde 2013, é editor do *blog Performance Sustentável*. Mantém o site Marca e reputação <www.livromarcaereputacao.com.br>."